中央文明办中国文明网 编

好人365故事 青少版 第四季

助人为乐

河北出版传媒集团
河北教育出版社

图书在版编目（CIP）数据

助人为乐 / 中央文明办中国文明网编. --石家庄 : 河北教育出版社, 2021.12
（好人365故事 : 青少版. 第四季）
ISBN 978-7-5545-6824-8

Ⅰ. ①助… Ⅱ. ①中… Ⅲ. ①精神文明建设—人物—先进事迹—中国 Ⅳ. ①D648

中国版本图书馆CIP数据核字（2021）第248931号

好人365故事 · 青少版 · 第四季
助人为乐
ZHUREN-WEILE
中央文明办中国文明网 编

出 版 人 董素山
责任编辑 汪雅瑛 陈 娟
装帧设计 牛亚勋
制 作 德翰广告设计部

出 版 河北出版传媒集团
河北教育出版社 http://www.hbep.com
（石家庄市联盟路705号 邮政编码：050061）
发 行 全国新华书店
印 刷 明玺印务（廊坊）有限公司
开 本 787毫米×1092毫米 1/16
印 张 10.25
版 次 2021年12月第1版
印 次 2021年12月第1次印刷
书 号 ISBN 978-7-5545-6824-8
定 价 35.00元

做一个有益于人民的人

郭明义

作为鞍钢的一名普通职工，这些年来，我从事的工作都很平凡，所做的事情也很平常，都是一名共产党员应该做的。

我出生在一个工人家庭。父亲是鞍钢的一名普通矿工，当年是辽宁省青年红旗手。母亲在鞍钢矿业的集体企业工作，是一个邻里赞誉的热心人。父母的言传身教，在我幼小的心灵中埋下了淳朴善良、助人为乐的种子。我永远不会忘记，自己是工人阶级后代这个根本。

从小到大，特别是参军后，伟大的共产主义战士雷锋，一直是我学习的榜样。我就照着雷锋那样去做，雷锋给战友洗衣服，我就给新来的战友做被子；雷锋捐款，我就捐款。雷锋的道路就是我的人生选择，雷锋的境界就是我的人生追求。

1980年6月12日，我光荣地加入了中国共产党。这是我一生中最难忘的时刻。30年来，我经历了很多，但我的信念一直很明确：一个共产党员，就是要为党、为国家、为人民多做有意义的事，这是天经地义的，不需要任何理由！

是共产党员，就要做出样子来。党让我干什么，我就干什么。不论任务有多重、条件有多艰苦、困难有多大，我都要努力干好。

我是矿山公路管理员，我知道自己担当的责任。我不能坐在办公室里，必须每天提前两个小时到现场，摸清情况，找准问题，才能得心应手地去指导修路。要是8点到，转一圈就是9点、10点了，再组织修路，就要影响生产的正常进行。只有到了现场，才能知道工人们在干什么，在说什么，在想什么，有什么困难和要求。我看到，矿山日新月异地发展，鞍钢向国际先进水平迈进，我真的是心满意足。尽管很忙很累，但身上的劲儿好像总也使不完。

实际上，工友们比我累，贡献比我大。有时中午活儿没干完，还要继续干到下午一两点钟，顾不上吃午饭，没有加班费，毫无怨言。他们感动了我，教育了我。

是共产党员，就要想着人民群众。有人问我，你自己并不富裕，为什么还要去帮助别人？我确实不富裕，但我的生活比困难群众好多了。群众有了困难，党员不能袖手旁观、无动于衷！一定要站出来，一定要管！送去几百元钱和急需的东西，就能帮助一个家庭渡过难关；拿出300元钱，就能让一个孩子有学上。这是我能够做到的，我为什么不做呢？我为什么不多做一点呢？

有人问我，你这么做到底图什么？我不图任何个人的名利，我图的是工友有病的孩子能早点好，他们的家庭能尽快恢复往日的欢乐；我图的是那些贫困家庭的孩子，能顺利地完成学业，能身心健康地成长；我图的是，能通过我一个普通党员的努力，让职工群众真切地感受到，党员就是要全心全意为人民服务。

有人问我，你这么做究竟值不值得？怎么不值得？太值得了！我是共产党员，我坚持共产主义的理想信念！理想信念给了我方向，给了我动力，给了我勇气。为崇高的理想信念奋斗，人的生命就有价值。如果发出一点光，放出一点热，能够换来孩子幸福的笑脸，换来他人生命之花的绽放，换来人与人之间的温暖和谐，这样的人生，我无怨无悔！

有人问我，你这么做苦不苦？我从来没有感觉到苦。一个人，被党组织所信任，被群众所信赖，被社会所需要，把有限的生命投入到无限的为人民服务之中去，是最大的快乐。

我们鞍钢矿业公司有5000多名职工参加了希望工程，很多并不富裕的工友也抢着捐款，帮助困难家庭的孩子上学，深深地感动了我。我资助的一名大学生，上学的时候就献了三次血；工作后，领第一个月工资，就拿出钱来帮助困难孩子，这让我高兴、让我振奋。

当看到工友们争先恐后地报名义务献血、捐献造血干细胞，下夜班不回家，一来就是上百人，伸出胳膊就献血时，我为自己属于这个群体而自豪！

每次当我走下献血车、走出血站拿到新的献血证时，都有一种非常愉快的感觉。

助人使人快乐，奉献使人幸福。把自己的生命同党的事业和人民的利益紧密地联系在一起，就找到了通向快乐和幸福的道路。快乐和幸福属于为党忘我工作的人，属于为人民忘我奉献的人！

只要是有益于党和人民的事，我就要天天做。每做一件好事，都有一股幸福感涌上心头！我越做越高兴，越干越有劲儿！

（作者为当代雷锋、全国助人为乐道德模范、中国好人、鞍钢集团矿业公司齐大山铁矿生产技术室采场公路管理业务主管）

目录

MULU

“护心使者”重燃万家希望

刘启芳，“吉青•吉心工程”志愿者团队负责人。2013年，刘启芳偶然与一位吉林的朋友闲聊，初次听说在吉林农村有很多心脏病患者因为贫困而得不到医治。当年4月，她借着去吉林出差的机会，做了一次调研。

通过与几名患先天性心脏病孩子的家长接触，患儿及家长的无助和痛苦深深触动了她。当听到其中一名患儿家长说“希望自己能比孩子活得时间长”时，刘启芳感到挺奇怪。通过进一步了解，她才明白这位家长的苦衷：她希望孩子走的时候，由自己来料理后事，让孩子体面地走。这朴实而又伟大的爱瞬间击中了刚做母亲的刘启芳柔软的心。她决定帮助这些孩子摆脱病魔，让他们的家庭重新燃起对生活的希望。通过走近患儿，她了解到，心脏病虽然可能危及生命，但医疗技术在飞速发展，不管是儿童还是成人，如果及时接受手术治疗，就可以像正常人一样成长、学习、工作和生活。

然而，这类心脏病手术必须要到省城大医院做，虽然有新型农村合作医疗保险和大病医疗保险可以报销，但身在农村的患者必须先筹够十几万甚至二十几万的手术费，这成了横亘在他们面前的一大难题。

找到了症结所在，刘启芳开始组建“吉心工程”专业志愿服务团队，策划“吉青•吉心工程”公益慈善项目。她通过当时的吉林省卫计委了解到吉林省正在执行的单病种路径定额付费模式，经过新型农村合作医疗保险和大病医疗保险报销后，慈善基金只需再募集1万元，就能让一个农村贫困心脏病患者接受免费手术治疗，借以挽救生命。

刘启芳满怀激情地开启了慈善项目，原以为一个个心脏病患者会蜂拥而至，但事实上却无人问津，这令她十分诧异。原来，村干部和村民们都认为这种手术不花钱的事有猫腻，村民怕受骗，村干部和村医怕担责，所以文件下达后村里并没有传达。

她再次下乡调研后发现，农民晚上特别喜欢看二人转，吉林电视台乡村频道一个二人转节目的主持人是他们特别喜欢的偶像。她灵机一动，聘请该主持人为“吉心工程”的爱心大使，让他在节目的间歇进行一次口播来介绍这个项目。

那一次口播之后，刘启芳的爱心团队一天就接了500多通咨询和报名的电话。

2015年中国首个“互联网公益日”，为了让“吉心工程”筹集到更多的善款，刘启芳和志愿者团队发动好友和亲属进行捐款和再动员，短短3天时间，号召和动员了近8000人捐款，筹集善款500多万元。

2016年“99公益日活动”，她通过在平台上线8个分项目，号召近7万人捐款，再次筹集938万余元善款。

2017年，她已筹集到善款1900余万元。被她的精神感染，上海华侨基金会、中华儿慈会等纷纷参与到项目中来，提供更多的救助资金帮助这些贫困心脏病患者。受她的影响，越来越多的人纷纷加入志愿者队伍中，一起为贫困心脏病患者服务。

刘启芳策划公益项目最初的目标是“用五年的时间免费救助1万人”。随着项目的深入开展，救助对象从青少年扩大到了中老年，从农村的贫困患者扩大到了城市的贫困患者。如今，她已经累计让7286名心脏病患者重获第二次有质量的生命，让他们的家庭重获幸福。

一路走来，刘启芳所承受的一切，只有她自己清楚，“最难的时候也哭过，也想过要放弃。如果没有大家的陪伴和努力，我可能走不到今天”。

作为一名公益人，刘启芳还在继续努力着，为贫困心脏病患者摆脱疾病、改变他们因病致贫的现状作着自己的贡献。

听好人故事

八旬老人的护河路

看着浑浊的南明河，雷月琴总能想起1949年，她跟随父母来到贵阳时看到的景象，那时候穿城而过的南明河清澈见底，河里的水甚至可以直接饮用。但随着时代的变迁，这幅美丽的山水画消失了，两岸堆积的垃圾得不到处理，南明河也失去了它清澈的模样。

1984年，47岁的雷月琴做了一个重要的决定，她从贵阳市物资回收公司提前退休了，下定决心要用自己的行动保护水资源。

从1990年开始，雷月琴只要有时间，就会沿着南明河、小河、中曹河、花溪河走一走、看一看，一旦发现沿河的居民楼、商店、餐馆等将生活污水直接排到河里，她就会挨家挨户去劝告。为了劝告在河里洗菜的菜贩不要把菜叶、菜帮丢进河里，她每天早上6点就出门。到了晚上，各家商店该打烊了，她为了劝说商店员工不要到河里洗拖把，经常9点以后才回家。

雷月琴走遍了贵阳市的水源地，她经常被误认为是个多管闲事的拾荒疯老太，尽管这样，她还是为保护水资源独自走了30多年。有一天，她走到龙王村，发现有一大股污水直排入中曹河，她在那里连续奔波调查了三日，终于弄清楚了污水的来源，并向有关部门反映了情况。

她花费了7年时间，手绘了6张南明河治污地图，这6张治污地图颇有见证意义，上面详细记载了1994年至2015年河道的治污历程，囊括了上下游众多支流、沿岸的所有大型工厂、污染源、排水口具体位置与状况等。放在一起一比较，可以明显发现，沿岸的污染大户慢慢少了，污水处理厂、湿地公园建起来了。

雷月琴的努力也影响了南明河沿岸的商户，他们逐渐意识到偷排、乱排废水对河流的危害。当她巡查时，他们会主动和她打招呼。做小吃生意的宋大姐亲切地称她为雷阿姨，受雷月琴的影响，她不再乱丢垃圾，还教育孩子要从小爱护环境。

2007年11月，贵阳市两湖一库环境保护基金会正式成立，雷月琴成为基金会的第一位志愿者，并捐款1000余元。她与其他志愿者一起进社区、赴湖区，向人们发放宣传册、环保袋，宣传水资源保护的重要性。尽管退休后的收入不高，雷月琴还是会每年坚持拿出3000余元捐献给基金会。在她的倡议和带动下，一些企业的员工、退休老职工纷纷向基金会解囊，献出自己的爱心。

如今，雷月琴虽然已经80多岁了，却有着50多岁人的精神劲儿，被许多人亲昵地称为“环保老人”“外婆志愿者”。30 多年来，她为保护水资源倾注了大量的心血。她说，为了家乡的青山绿水常在，再苦再累也心甘情愿。雷月琴在自己收藏多年的笔记本扉页上写着“生命离不开阳光、空气、水”，在另一侧则写着作为一名志愿者的承诺：“尽己所能，不要报酬，服务社会，践行志愿精神。”

听好人故事

“最美妈妈”刘抗美

刘抗美是一名退休职工，也是红十字会的一名志愿者。

2005年，一篇名为《孤儿母亲节里找妈妈》的报道，触动了刘抗美心中那最柔软的地方，她当即赶往了辽宁省沈阳市儿童福利院。在福利院的一间教室里，老师对孩子们说：“有位妈妈要接你们回家——”话音未落，一个右手残疾的三岁半男孩，跑过来抱住了她的腿，喊道：“妈妈，妈妈带我回家！”刘抗美从这稚嫩的声音中听到了他渴望母爱的心声，从这一刻起，她变成了孩子的妈妈；也是从这一刻起，刘抗美走上了助养孤残儿童的爱心之路。

刘抗美助养的这个男孩叫小华月。后来，小华月被一对夫妇收养，但是他们并没有因此断了音信，直到现在，她还与这对夫妇保持着密切的联系，有时还会互相寄送东西。

过了三年，刘抗美的外孙出生了。是给亲生女儿看孩子，还是继续助养没有任何血缘关系的孤残孩子？刘抗美劝女儿："你的宝宝有爸妈，有姥姥、姥爷、爷爷、奶奶，多幸福啊，可助养的孩子呢，他们被父母抛弃，谁来照顾他们呢？"深明事理的女儿给予的理解与支持让刘抗美放下了心，得以继续助养孤残儿童。

刘抗美把助养的孩子视为家庭的一分子，不光在生活上悉心照料，她和丈夫还常常带孩子出去旅游。长春、松原、北京、秦皇岛、杭州、苏州等很多地方都留下了孩子们的足迹与欢笑。据刘抗美估算，这些年给助养的孩子们拍摄了不下10万张照片，她不想错过他们成长中的点滴。

十几年来，刘抗美每天都坚持为孩子们写《成长日记》，拍纪实

照片，记录他们在家里的快乐时光。日记是一式两份的，在送走孩子的时候，刘抗美都会把其中一份《成长日记》送给孩子的养父母。

学会使用电脑后，刘抗美不再把《成长日记》写在本子上，而是写在电脑里，发布到博客等平台，她想着孩子们长大后使用网络和电脑更方便，可以更好地了解自己的成长经历。

刘抗美共助养了10个孩子，8个男孩和2个女孩。

刘抗美不但助养孩子，还很关心邻里的孩子们。小区内的低龄孩子放学早，无人看管的问题她看在眼里，急在心上。她为孩子们敞开了自己的家门，接他们来自己家里做作业、看书。当孩子们在学习中遇到问题，她也会主动上前辅导。渐渐地，所有的孩子都喜欢上了她。

有人问刘抗美，为什么会助养这么多孤残儿童？她说："之所以有助养孩子的想法，是因为我小时候受过很多人无私的帮助。我退休之后，有时间也有能力照顾好一个小孩，为什么不去做呢？为什么不回报社会呢？"

听好人故事

“熊猫英雄”发光发热

19岁那年，刘豫泉得知了自己血型的珍贵。那时候他在石家庄当兵，一位民工急需输血，他和战友积极响应号召一起去了血站。意外的是，护士告诉他，他是罕见的RH阴性血，俗称“熊猫血”，而且他还是“熊猫血”中极为少见的RH阴性AB型血。

1984年，刘豫泉从部队退伍转业，成为山西太原铁路系统的一员。一次单位组织献血，他毫不犹豫地去了，他告诉护士自己是“熊猫血”，并主动留下了联系方式。他想，既然自己的血型罕见，那么对于血液需求者来说肯定也很珍贵。

“喂，您好，请问是刘豫泉吗？想请您帮忙献点儿血。”2014年11月，刘豫泉在兰州开往太原的火车上，接到了一个操着地方口音的男子打来的电话。

打电话的男子姓曹，来自山西代县，他的女儿因车祸导致腿部骨折，正在山西医科大学第二医院抢救。但孩子是罕见的RH阴性AB型血，血库告急，没有血源，曹先生急得全城寻找同血型的人。他通过广播求助，众人热心提供线索，这才辗转找到了刘豫泉。

孩子已经在重症监护室等了两天，只要血液充足，就可以开始手术。可是，当时刘豫泉所在的列车返回太原还需要数小时。这段时间里，刘豫泉一直与曹先生一家保持联系，实时告知自己的地理位置，让他们安心。

火车一进太原站，刘豫泉火速下了车，打出租车去了女孩所在的医院。体检时，刘豫泉被告知血压偏高无法采血，原来他在列车上没有吃早饭，加上一路着急，又急匆匆地跑上楼，造成了短暂性的血压异常。他吃了点东西，缓和了一下心情，半个多小时后，血压终于恢复了正常，刘豫泉悬着的心终于放下，成功献了血。顺利输血后，小女孩得以转危为安。

从那以后，孩子的父亲和刘豫泉成了朋友，在刘豫泉的影响下，他开始发动周围的人一起从事公益事业：帮助寻找丢失的孩子，号召大家为有困难的家庭捐衣捐物……

由于长期在铁路部门工作，刘豫泉的作息不太规律，经常熬夜，但为了不影响血液质量，他格外注意身体情况，确保健康。近些年来，刘豫泉开始健步走，每次下班必定步行回家，保证至少半个多小时的运动量。

这些年，刘豫泉已经记不清自己救过多少人了。有人给刘豫泉算了一笔账，30多年他一共献血超过6000毫升。一个成年人的总血量为4000到5000毫升，他相当于把全身的血捐献了一遍。国家提倡的献血年龄是18周岁到55周岁，刘豫泉现在已经53周岁了，听到这个消息时，他显得有些沮丧，“只要身体没啥大问题，我还想多献几年呢。我有一个儿子，却没有遗传我的‘熊猫血’……如果真到了不能再伸出胳膊献血助人时，我会专注于爱心团体的公益活动，继续为社会发光发热”。

听好人故事

光阴未尽　奉献不息

公交司机袁亮坤的第一次无偿献血是在长沙街头，那天是2002年2月28日，这已经成为他生命中一个特殊的日子，就是在这一天他认识到，献出可以再生的血液，挽救不可重来的生命，这是功德无量的好事。从此，他开启了连续16年参与无偿献血和志愿服务，传递奉献爱心的人生之旅。

十几年来，袁亮坤辗转在长沙、北京、洛阳三地四个血站。回首望去，他献全血34次、血小板1次，共计13700毫升，相当于3个成年人的全身血量。除此之外，袁亮坤还担任了义务宣讲员，带领无偿献血的志愿者们进行义务宣传。在他的影响下，家人和同事们纷纷加入无偿献血的队伍之中。女儿袁文敬多年来陪同父亲献血，耳濡目染，在她18岁生日的那天，她在湘雅二医院献血屋捐献了机采血小板，送给了自己一份最有意义的成人礼。从此，她和自己的父亲一样，也成为一名合格的无偿献血志愿者。

袁亮坤身上有着很多标签，但荣誉并没有给他的心态带来改变。他平日里最常使用的自我介绍，还是那句："你好，我是长沙309路公交车驾驶员袁亮坤，是一名普通的共产党员。"

309路公交车从高叶塘开往金南家园，他每天要往返8趟，行程224公里，工作时间将近13个小时。在这看似平凡的岗位上，袁亮坤不但出勤率100%，并且违章、事故、投诉均保持零纪录。

线路有终点，服务无止境。袁亮坤把每一次出车都作为展示党员形象、服务社会的机会。坚持微笑服务，用普通话与乘客交流。袁亮坤不仅热情服务乘客，而且为乘客主持正义。遇到扒手偷窃乘客钱包，他总是挺身而出，为乘客夺回钱包。

袁亮坤不仅工作认真，积极地救助急需用血的患者，还帮助了许多素昧平生的过路人。2016年3月10日，贵州省贵定县的宋小华在长沙旅游时不慎遗失钱包和证件，他找到了正在进行无偿献血志愿服务的袁亮坤咨询。袁亮坤在了解情况之后，带着宋小华办好了临时身份证，并为他买了返程火车票。宋小华非常感动，请袁亮坤留下联系方式准备日后再来感谢。袁亮坤告诉宋小华："你一个外地人在长沙遇到了困难，我们给一点儿力所能及的帮助是应该的，不需要感谢，希望今后你多多支持无偿献血，也算是对我最好的支持。"宋小华毫不犹豫地表示愿意马上参与无偿献血。在长沙火车站献血点，宋小华成功捐献了400毫升全血，拿到了人生的第一本献血证。

一个人做一件好事并不难，难的是持之以恒。袁亮坤说，无偿献血有年龄限制，他会坚持献血一直到55周岁，但做一名为献血者服务的志愿者是自己的终生事业，会长期坚持下去，他希望自己的行动可以让更多的人在生命的巴士上待得更久。

听好人故事

炉火星星　共享温情

在江西省肿瘤医院附近的青山湖区石泉村123号，坐落着一间露天厨房，10多个煤炉火烧得正旺，厨房的主人是年过六旬的万佐成、熊庚香夫妇。

万佐成今年65岁，熊庚香63岁，老两口有两个女儿一个儿子。女儿均已出嫁，儿子结婚生了孙子，一家人衣食无忧。2003年，万佐成和熊庚香到南昌青山湖区石泉村卖油条，摊子离江西省肿瘤医院很近，炸完油条后炉火还旺，有的病人家属便借炉子炒菜。后来，口口相传，越来越多的病人家属都来借炉子炒菜煮饭。因为人越来越多，万佐成和妻子就买了10多套厨具和煤球炉。多的时候，一天能有三四百人。因为设备大家共用，所以这个厨房被亲切地称为“共享厨房”“抗癌厨房”。

在这间简陋的厨房内，他们有的是给患病的妻子烧菜，有的是给父母煲汤，还有无依无靠的患者，自己煮完面还得独自去化疗。每逢下雨，万佐成夫妻俩会赶忙将太阳伞搬出来，搭起临时雨棚，以保证每个病人亲属及时做好病号饭。

为了让“共享厨房”维持下去，万佐成开始尝试收点儿钱。一开始，炒菜收0.5元，后来，煤球涨价，电费也涨价，几乎难以支撑下去。最后定下来炒1个菜就收1元，煲1个汤收2元，这才维持住了收支平衡。但每逢过年期间，厨房依旧为病人和家属免费开放。

2018年1月8日晚，一个戴着黑框眼镜、头发凌乱、身着绒布大衣的年轻姑娘拎着装有碗筷和调料的水桶，低着头，缓步来到了“共享厨房”。她狠狠地搓了搓双手，开始了她在“共享厨房”里的最后一次烹饪。对于正常病人来说，得知出院的消息必然喜上眉梢，然而对于许多癌症患者而言，出院或许意味着生命的终结。

这位来烧饭的姑娘叫小敏（化名），今年18岁，母亲突如其来的癌症改变了整个家庭的命运。为了照顾母亲，小敏选择了退学。几个月来，医院的嘈杂让她心神不宁，只有在为母亲煲汤时，她才能暂时回到平凡的生活。

当天傍晚烧完饭，一些患者家属自发地跟随熊庚香，陪着小敏来到病床边向她母亲告别。小敏的母亲病情严重，躺在床上已奄奄一息，脸上没有任何血色，看到女儿和病友前来送别，眼角闪动着泪花……

“共享厨房”15年来坚持24小时不打烊，无论凌晨煲汤，还是深夜加餐，万佐成夫妻俩总是热情接待，从未有过埋怨和拒绝。夫妻俩用心和患者家属交流，和患者家属建立了深厚感情。每每遇到病人亲属深夜探访，找不到旅社向自己求助时，夫妻俩总能第一时间带着他们去寻找临时住所。他们的手机每天24小时不关机，以方便需要求助的病人亲属与他们取得联系。

万佐成夫妇帮助病人不计回报的行为，感染了周围的街坊邻居，他们也开始和病人亲属主动接触。他们来到厨房和病人亲属拉家常，关心了解病人的病情变化。这些年来，房东也在默默支持夫妇俩的爱心行动，从没涨过他们一分房租。

“共享厨房”的墙上，密密麻麻地写满了患者家属的电话号码，这些电话号码都是患者家属留下的，他们希望夫妻俩有机会能去他们家看看，以此表达感激之情。

家人总想让夫妇俩多休息休息，可是他们说和患者家属打交道习惯了，哪里闲得住。能帮助人，心里就高兴，万佐成夫妇说他们会一直干下去，直到干不动为止。

听好人故事

住进大山的袁老师

当袁辉还是一名高中生时，他便立下去贫困山区支教的志向。2012年9月8日，刚大学毕业的袁辉只身一人来到了教学点，从此，湖北省恩施州巴东县的姜家湾教学点的讲堂上多了一个年轻的身影。他之所以选择到这里支教，是因为“拐杖老师”谭定才的事迹深深触动了他。于是，他决定来到谭老师工作的地方，和他一起为那里的孩子贡献自己的力量。

巴东县位于湖北的大山深处，是国家深度贫困县，姜家湾教学点离巴东县城要三个小时的车程。在袁辉去之前，这个教学点只有谭定才老师一人带着两个班27个孩子。山里的生活很苦，教学点没有自来水，连基本的吃喝用水都不能保障，遇到枯水季节只能用农户家房顶积存的雨水。到了2014年，袁辉的支教期满了，他本可以选择离开，但是他放不下山区的孩子们，毅然决定留下来继续支教，这一教又是4年。

在袁辉支教的6年时间里，让孩子们快乐学习是他追求的目标，他不但是孩子们的好老师，还成为他们的好朋友。除了教孩子们学习，他还和孩子们一起踢球、聊天、做游戏。不管多么枯燥的课程，他总能用幽默而生动的语言，让同学们学在其中、乐在其中。他的“快乐学习”理念得到了学生的喜爱与家长的认可。因此，他还常被附近的学校请去授课，孩子们都亲切地称他为“袁哥”。

袁辉班上有一个充满灵气的小女孩叫佳佳（化名），不幸患上了

成骨不全症，成了“玻璃娃娃”。2013年春，佳佳腿部骨折，再也站不起来了，佳佳的爸妈含着泪水准备让她告别学校。袁辉知道后，心急火燎地跑到佳佳家郑重承诺：“我抽时间到家里来给佳佳上课！”

佳佳家离学校有二十多里山路，天气好的时候，袁辉就骑着摩托车去；遇到雨雪天气时，山路泥泞不堪，他只能步行前往。每周2次，5年时间从未间断，袁辉已然成了佳佳的免费专职家庭教师，他还经常给佳佳带零食和学习用具。

佳佳的父母既感动又内疚，家里给不起袁老师一分钱，就连摩托车的油钱都要袁辉自己出。如今，佳佳最开心的事情就是听到老师讲课，最害怕的是哪天袁老师走了不来了。

虽然补课占用了袁辉的休息时间，但是他感到十分快乐。在他的努力下，佳佳的学习进度基本上与全班同学同步，她不仅学习认真、爱读书，还心灵手巧，会做手工艺品，袁辉为她感到骄傲。

在山区支教，袁辉每个月可以拿到1000元的生活补助。若是在大城市，这笔钱远远不能支撑一个年轻人一个月所需的生活开支，但这1000元，他除了买书和生活必需品外，大部分都用在了孩子们身上。他班里的贫困学生很多，看着孩子们受苦，他很心痛。在花光了自己的补助后，他又想方设法联系到几十位朋友结对资助困难学生，还联系一些公益组织为山里的孩子们捐赠图书、衣物、文具、体育用品。

看着袁辉为孩子们的付出，有人问过他以后的打算，他说："工作可以以后再找，钱可以以后再赚，这里需要我，我得先留下。"

听好人故事

“老党”与他的十万件好事

“认吃亏，别占便宜。”这句父母常常叮嘱的话，从小时候起，便在沈汝波的心中扎下了根。1978年，沈汝波离开了山东老家，告别家中的弟弟妹妹，走进了军营。在家中时，他作为家中的老大，早早就帮父母分担家事、照顾弟弟妹妹。到了军营中，沈汝波更是被部队中互帮互助的氛围所感染，他下定决心，要像雷锋一样为人民做一辈子好事。他从扫院子、扫走廊这些小事做起，很快就成为新兵中表现最出色的一个。

一次，指导员靖贵山提到毛主席说过的一句话：“一个人做点好事并不难，难的是一辈子做好事。”这句话在沈汝波的心里激起了波澜。是啊，怎样才能督促自己把做好事坚持下去呢？恰巧此时，他看到了一本《十万个为什么》，于是许下诺言，一生要做10万件好事。他给自己下了任务，每天至少做4件好事，用画“正”字的方法记录并督促自己。在部队6年，沈汝波做了8600多件好事，受到大大小小表彰600多次，还光荣地加入了中国共产党。

1984年，沈汝波退役后来到秦皇岛市蔬菜公司，他仍像在部队一样，啥活儿都冲在前面，尽管因为工伤失去了两截手指，但他从不以此为借口偷懒。为了带动更多人一起为百姓做好事，1991年，沈汝波和单位的几位党员成立了“党义服务小组”，“党义，就是为党和社会尽义务”。业余时间里，他在路边搭起了理发棚子，用在部队学的手艺为困难户、残疾人、军人、孤寡老人等免费理发。

沈汝波下岗后，妻子没工作，孩子还在上学，全家一个月的固定收入是230元的失业金，生活捉襟见肘。可沈汝波仍继续以几近免费的价格维持着理发铺，坚持帮助特殊群体，从不考虑得失。对于那些行动不便的居民，他便提供上门服务。他还坚持定期到养老院、部队义务服务，有时一天要为上百人理发，累得连胳膊都抬不起来。但是，不管他的生活多么艰难，雷打不动的是，记录好事的“正”字一天天在增加。

“他看我一个人过，天天捡破烂忒可怜，总来帮我，给我买这买那的，帮我剪头发说啥也不收钱。”郭大妈家里困难，沈汝波免费给她理了20年发。

王大爷不知道什么原因眼睛突然失明，沈汝波听说后找上家门：“我给你按摩试试，不收分文。”20天后，王大爷的眼睛复明了，他逢人就说："这样的好人到哪儿去找啊！"

得知辽宁抚顺雷锋团的战士们普遍有训练伤，沈汝波关了自己的小店来到雷锋团。每天从早上6点到晚上11点，他除了吃饭时能休息一会儿，几乎一刻不停地为战士们服务，一个多月的时间里，他共为全团官兵提供按摩和理发700多人次。

沈汝波还组织小区的老党员、老教师、老退伍军人一起成立了"党义志愿服务队"，把自己每个月收入的15%捐作公益基金。小区健身场地没硬化，他找人铺了水泥场地；小花园杂草丛生，他去修剪；邻里家庭闹了矛盾，都找他劝解……

邻居们说沈汝波是小区的保洁员、保安、大管家。时间长了，大家都"老党""老党"地叫他。在大家心里，"老党"代表的就是共产党员的形象。

2015年，沈汝波患了癌症。在住院治疗期间，他让妻子取来推

子给病友们理发。有人捐了2000元钱让他补身体，他转手就买了10份慰问品送到困难户家里，“我这样做，就是把一份爱心放大成十份，让更多的人得到温暖”。

生病后，沈汝波的体重从150多斤降到80多斤。他每天只能吃些流食，可一旦志愿服务队有活动，只要身体允许，他都坚持参加，别人根本劝不住。

有人对沈汝波的做法表示不理解，可他说：“说我作秀，我就作秀，说我二头，我就二头，反正我是在为老百姓办事，最后看老百姓到底怎么评价。”

听好人故事

“煎饼夫妇”的爱心接力

1992年，家境贫寒的朱光伟、赵彦苹夫妇来到了西安打工。他们举目无亲，凭着自己的努力做过很多工作，后来开始做腐竹生意、调味品生意，慢慢站稳了脚跟。

但在2007年，朱光伟突发脑出血，这让日子刚有起色的家庭陷入了困境。为了给朱光伟治病，家里不但花光了存款，还欠下了不少外债。在全家手足无措的情况下，幸好女儿学校的老师、周围的邻居，还有许多陌生人纷纷捐钱捐物，帮助他们渡过了难关。

朱光伟病愈后落下了轻度偏瘫，干不成重活，他和妻子决定摆摊卖煎饼。每天清晨4点，朱光伟会先起床，点煤炉、和面糊、打豆浆……到了5点，赵彦苹起床帮忙，7点钟她会在路边准时开摊儿，一直到下午一两点。

普通煎饼4元一个，从早上到下午，一天50个左右的煎饼钱是全家的经济来源。除了500元房租，还要负担两个女儿的学费及一家四口的生活费，生活捉襟见肘。

病中受助，在这对善良的夫妻俩心中种下了感恩行善的种子。他们在煎饼摊旁竖起一块醒目的招牌，上面清晰地写着："孤寡老人、残疾朋友、遇到困难的朋友都可在本小摊免费吃煎饼。"

看到煎饼摊旁的招牌，主动求助的人逐渐多起来，夫妇俩每天要免费送出10余个煎饼果子。每当有拾荒者、残疾人、环卫工路过，赵彦苹还会主动上前询问，一个煎饼果子不够，就两个、三个，直到

对方吃饱为止，偶尔她还会塞给对方几十元钱。

这“爱心煎饼”一送就是10年。为了让更多人吃到免费的煎饼，夫妻俩还印制了厚厚一沓“爱心接力”名片。如今，朱光伟夫妇被网友们称为西安城里的“煎饼侠”。“能帮一个是一个！”赵彦苹说。她想起有位拾荒的老人，在这里吃了两年多煎饼，后来就不见了，她和丈夫都很惦记，不知道他现在过得好不好。

朱光伟夫妇送“爱心煎饼”的举动，感动了很多社会人士加入“爱心接力”。不少人买过煎饼后，顺便放下10元、50元、200元……

如今，朱光伟夫妇仍住在城中村一间约18平方米的房子里，家里唯一值钱的电器是一台21英寸的彩色电视机，也是几年前好心人送的。

尽管日子清贫，可赵彦苹觉得他们一家的生活比以前更有滋味，“大女儿在西安财经学院上大二，小女儿是一所重点中学的学生，经常考全年级第一，年年都拿奖学金。孩子们有爱心、争气，这日子就有盼头”。

“以前我觉得自己是个废人，现在还能和妻子一起帮助他人，尽管只是个小煎饼，但是觉得自己有用处。”朱光伟说。

夫妻俩的善举感动了困难孤苦的人们，也感动了和他们一样从事着小买卖的摆摊者，“侠士有救困济贫的本心，赵大姐夫妻俩就是这样的人，我们现在也要向他们看齐，把爱心接力下去”。

听好人故事

不一样的镇馆之宝

胡昇是中国第一冶金建设公司的一名退休职工，现为湖北省博物馆001号志愿讲解员。

年轻时的胡昇酷爱文史，尽管工作很忙，但休息时阅读文史书籍却成了他的心头好。1978年，他在湖北省博物馆看到编钟时，那精美的花纹和器形，一下子就让他着了迷，于是成了省博的“铁杆粉丝”。参观结束后，意犹未尽的他专门找来各种书籍恶补与文物相关的楚文化知识。后来，他还利用各种机会到省博参观并为游客义务讲解，与博物馆和文物结下了不解的情结。

2007年，湖北省博物馆组建志愿者团队，刚退休的胡昇立即报了名。凭借过硬的专业知识和丰富的实践经验，他毫无悬念地成了一名志愿讲解员。

为了做好讲解工作，胡昇找来大量资料，扎扎实实地研究了省博每件文物的时代背景、社会价值，及与之相关的典故、成语、民俗民风，并融会贯通。通过多年的积累，胡昇懂得用平实的语言讲解文物故事，用生动的形式拉近文化与听众的距离，用接地气的历史典故和人物传说阐发深刻的人生哲理。

有一次，在“黄金草原——中国古代北方民族文物特展”中，胡昇自创“演绎法”，将歌曲《让我陪你一起看草原》《成吉思汗》穿插于讲解中，通俗易懂，令人耳目一新。胡昇说，历史与时代精神是互通的。自曾侯乙编钟等藏品登陆央视《国家宝藏》成为“网红”，他便借此机会更新讲解词——在云梦睡虎地秦简前，他会谈到中国依法治国的千年传统；在编钟前，他又能从随国铸钟而不铸剑，国小而不惧侵略，联系到中国和平、发展、共赢的理念，以及居安思危、不忘强军的政策。

通过讲解，让更多听众感知优秀文化、得到精神启示，这是胡昇作为一名志愿讲解员的“哲学”。虽年逾古稀，胡昇始终在学习。平时只要有机会，他就会阅读国学、艺术和人文历史方面的书籍，像海绵一样沉浸在中华文明的长河里。凭借渊博的知识、风趣的讲解，胡昇“草根教授”的美誉不胫而走。

挂上讲解牌，胡昇能从容应对不同类型、不同内容的讲解，和听众“一起分享、一起欣赏、一起感受”，带领大家徜徉在优秀文化的海洋里。投入讲解时的胡昇就像一头骆驼，时常忘记吃饭、喝水，一站就是四五个小时。让他感到最幸福的，莫过于听众的认可。湖北省博物馆有四大镇馆之宝，一些熟悉的听众笑称他为“镇馆第五宝”。

2015年，黄鹤楼公园为未成年人开设了3D诗词课堂，爱好阅读、积攒了一肚子诗词歌赋的胡昇，义务“客串”起讲师，为游客们讲解生动的历史故事，充满激情地吟诵诗词。他用岳飞《满江红•登黄鹤楼有感》的爱国之情、李白《黄鹤楼送孟浩然之广陵》的友爱之情、崔颢《黄鹤楼》的思乡之情、毛泽东《菩萨蛮•黄鹤楼》的忧国忧民之情等为孩子们串起黄鹤楼诗词之旅。

从事义务讲解30余载，胡昇收获了很多知识和很多“学生”。党的十九大召开后，胡昇又多了一个新身份——武汉市青山区十九大精神百姓宣讲员。如今，他也有了更大的梦想，要讲好武汉故事，更要讲好中国故事。他坚信，好的文化是有感染力的。

听好人故事

活到老　学到老　奉献到老

年近九旬的曹凯每天一大早就起床，一路步行来到“曹凯延安精神教育基地”。他每天都会悉心打扫展厅，认真擦洗展品，像照顾自己的孩子一样，呵护着这些“宝贝”。遇到来参观的人，曹凯总是热心地当起讲解员，给他们讲述这些展品背后的故事……

1991 年，离休后的曹凯开始搜集资料，自费走访了近百名老红军、老党员，整理编写革命传统教育素材，他的足迹遍布北京、上海、湖南、陕西等地。同时，他不辞劳苦，四处宣讲延安精神。20 多年来，曹凯撰写讲稿 230 余篇，义务宣讲 3000 余场，听众人数累计达 289 万人次，他也因此被誉为“读万卷书、行万里路、育百万人”的革命老人。

曹凯经常说，学是为了更好奉献。离休20多年来，他不光开办了红色教育基地，还先后筹集资金19万余元，为陕西省延安市安塞区镰刀湾乡高家塬村打井、拉电，定期给贫困学生捐钱捐物，调解民事纠纷40余起、上访案件14起，挽回经济损失40余万元……

榜样的力量是无穷的，曹凯作为大家庭的家长，他用自己的实际行动影响着子孙后代。孙子曹磊上学时就助人为乐，风雨无阻地坚持接送残疾同学上学、放学3年之久，受到学校师生的一致好评。曹凯的儿子曹生章、曹生江、曹生海多年来一直坚持资助贫困学生、帮助贫困家庭……

近年来，曹凯的身体已经难以负荷长时间的奔波操劳，但他仍然不愿停下自己的脚步。他拿出自己数十年省吃俭用的60万元积蓄，重修5孔旧窑洞、新建7间平板房，还动员3个儿子各自捐了10万元，耗时两年时间建成了“曹凯延安精神教育基地”，向社会免费开放。

206省道穿城而过，将安塞县城分割开来，沿着城北弯弯曲曲的石板路，从山脚蜿蜒而上，就会看到干净整洁的院落和满院的红旗飘飘，“用延安精神教育下一代”“延安精神永放光芒”……一组组充满红色精神的语句映入眼帘，这就是“曹凯延安精神教育基地”，到处弥漫着革命的味道。

教育基地建成以后，就成了全国各地群众接受精神洗礼的地方。不管是谁来，来几个人，曹凯都会耐心讲解，他喜欢给来访的人讲述延安精神和革命先辈的成长史。每当这个时候，都是他最开心的时刻。

“活到老，学到老，奉献到老”是曹凯一直坚持的信念。虽然年事已高，但他还在每天不断地学习，报纸、杂志、电视上的新闻一样不落，现在，他正在学习电脑操作，想要通过网络将延安精神传播给更多的人。可是，他知道自己不得不考虑接班人的问题了，他开始对3个儿子进行考察，标准是必须能写、能学、熟悉历史，最重要的是具有与时俱进的精神。对于老人的考察和期待，儿孙们早已经准备好了。

听好人故事

用爱与奉献延伸生命的长度

李东亮出生在河南商丘的一个农民家庭。被确诊为尿毒症时，李东亮正在解放军广州通信学院读大二，2000年3月20日，本是一个万物复苏的春天，但这个年仅24岁的农家子弟却走到了人生绝望的边缘。

得知他患病的消息后，学院为他募捐了6.6万多元善款。一名军官给他捐了999.99元，这5个9，是希望他生命长久。这个特殊数字，让李东亮从绝望中看到曙光，他给时任商丘市委书记写了一封求助信，很快，他便收到了市委书记鼓励他勇敢与病魔抗争的贺卡，还有1万元救助金。他所就诊的广州第二人民医院为他找到了肾源，还发动职工捐款并最大限度地减免了医疗费。手术成功后，李东亮被评定为一级伤残军人，复员回家。

回家后的李东亮不想自此成为一个“废人”，他报名参加了心理咨询师的培训。2004年3月，拿到国家心理咨询师资格证后，李东亮注册了商丘第一家心理咨询机构，免费为人做心理辅导。后来，他又在商丘网商丘论坛开辟了一个“同在蓝天下”专栏，并依托专栏成立了一个义工小组。

李东亮换肾后为自己起了个网名“点亮心灯”，并写下了一段个性签名：“2005年6月6日，我5岁。按我国肾移植的存活年限，属于我的生命时光大约也只有几年的光景。在为数不多的日子里，我一直想为社会做点什么。”“在生命倒计时的日子里，我们愿意用爱和真诚为您撑起一片湛蓝的天空。”李东亮的个性签名和他这句对栏目的注解，感动了不少网友。很快，义工小组就吸引了教师、学生、金融人士、个体老板等50多位热心人士参加。

李东亮永远记得2005年夏天，这是他第一次参加活动，受助者是下肢瘫痪多年、仍坚持练书法的商丘市民权县残疾青年姬明。义工小组一行13人，捐资购买了生活用品去看望姬明。姬明紧紧握着他的手说：“如果有一天，你移植的肾功能不行了，我愿意把我的肾献给你！”

听到姬明的话，李东亮感动地想哭。后来，由于病情不断加重，加上又患上喉癌，2007年3月22日，姬明去世了。

在去世之前，姬明给李东亮发来了最后一条短信：“虽然快要走了，但我不感到绝望，反而感到了温暖，在生命最后的路程中，有你和义工的爱心搀扶，我感到自己一点也不孤单……”

至今，这条短信还保存在李东亮手机的短信收件箱里。

2006年7月26日，为帮助更多的人，李东亮正式注册了河南省首家义工组织——商丘市义务工作者联合会。成立义工联后的第一个救助对象，是商丘市柘城县胡襄镇李庄村一个叫小美（化名）的13岁女孩。小美是一个孤儿，收养她的爸爸行将离世，她又将变回孤儿。获悉情况后，李东亮召开理事会商量救助方案，大伙当场表示，愿意负担她的生活费用和上学费用，并捐助现金1000元。当天，李东亮带领10多名热心义工赶赴柘城，给小女孩买来了一年四季的新衣服。经媒体报道后，小美获得全国各地热心资助者4万多元捐款。

让李东亮深感慰藉的是，他救助的孤儿小林（化名）兄妹3人中，有的读书成才，有的成家立业。如今，小林还加入了义工组织。他说：“在我们兄妹父母双亡、最无助的时候，李东亮和热心义工的救助使我们走出了困境，我们也要帮助更多人。”

如今，李东亮有了一个幸福的家庭，妻子冯娟和12岁的儿子都支持他的爱心事业。

从义工小组到义工联合会，10多年过去了，商丘市义工联合会在李东亮的带动下，发展壮大为拥有近5000名会员的好人集体，成立了“关注夕阳”“生命之光”“助你成材”“爱我家园”4个项目服务组和“党员义工之家”“爱心企业家联盟”“爱心艺术家联盟”“爱心让座团”“爱心红娘服务队”“爱心顺风车队”“环卫工人爱心休息点”等8个流动服务小组。

商丘市义工联合会先后开展了“我带老人逛古城”“关爱贫困母亲”“关爱留守儿童”“手拉手关爱贫困生”“孤儿爱心之旅”等大型

爱心和公益活动，叫响了“全国义工看深圳，中原义工看商丘”的口号。他们成立了河南省首家新农村义工工作站，积极引导新农村义工开展大型环保活动，资助贫困生，帮扶弱势个体，还设立了爱心帮扶站，在市区设立环卫工人爱心休息点，为重病患者募集善款，吸纳爱心企业家参与公益活动，等等。

不忘初心的李东亮，在志愿服务的路上愈发坚定了。

听好人故事

环卫工人们的“爱心港湾”

2016年冬季，重庆，一个寒风萧瑟的清晨，邓伟明早早来到自己开的小店，忽然看到店旁边的公交车站台上躺着一个中年女性，身穿亮眼的橙色工作服，很容易辨别出是一名环卫工人。

从身体倚靠的姿态看出，她好像不太舒服。邓伟明马上从店里打了一杯热水，走到跟前递上去。原来，在20分钟之前，环卫工人周才树打扫到小区门口时不慎滑倒，手臂和大腿撞上了花坛，整个人顿时动弹不得，过了好一会儿才挪到公交站台上休息。

邓伟明得知后说：“我是开理疗店的，要不你来我店里，我让伙计给你看看。经常和你打照面，看你风里来雨里去，都没打过招呼。放心，不收钱！”就这样，周才树成为当天理疗店的第一位“客人”。

周才树和邓伟明谈了很久。原来她每天的8小时工作制和普通人不太一样。从凌晨5点开始，到中午13点结束。所以普通人的早餐和午餐时间，都是她的工作时间。

在邓伟明的眼中，环卫工人一直是奉献和牺牲的代名词，他希望用自己的努力向他们表达一些尊重和关心。他越是了解，越是觉得环卫工人们需要关心。他让周才树告诉其他环卫工人，走过路过店门口时，随时可以进店免费歇脚、做调理，并承诺，如果还有什么需要他做的，他也一定会尽量做到。

一颗澎湃的爱心跳动起来，是任何东西都阻止不了的。

2017年2月，邓伟明主动找到大渡口区环卫所，并表示愿意在店里开辟一处专门让环卫工人休息的地方。如今，邓伟明把“大渡口区环卫爱心驿站”的牌子挂在店门口最显眼的位置，并备有微波炉、饮水机、冰箱、理疗设备等设施。

为了兼顾经营和奉献爱心，在邓伟明的店里，每天专门留有为环卫工人理疗的10个名额。理疗结束后，邓伟明还会免费送给他们敷贴患处的膏药。

渐渐地，环卫工人也把这里当作了歇脚的“茶馆”和“港湾”。曾经的一线环卫工人李正芳说：“现在我们有时间还会和环卫工人朋友一起到邓伟明的店里看看，不一定去做康复治疗，可能就像朋友一样聊聊天。”

邓伟明说，爱心是需要传承的，他希望自己的家人能够养成乐于助人的善良品性。果然，他的行为得到了家人和附近居民的支持。如今，他12岁的儿子和理疗店员工，也会经常义务为环卫工人提供服务，附近的“爱心商户”也纷纷免费为环卫工人提供茶水和防暑降温物品等。

54岁的环卫工张龙明已经在这里做了3个月的免费理疗，她说：“他是一个热心人。不论什么时候看到我们，都会很客气地走过来和我们打招呼、聊天，给我们熬绿豆汤，真的很难得。附近的环卫工人经常来理疗店，尤其是天气热了，这里真的是一个很好的休息场所。这里的氛围很好，大家在这里其乐融融。”

邓伟明用自己的方式表达着对环卫工人的尊重和关怀，他还通过报纸向环卫工人朋友们邀约：“举手之劳，温暖一座城。不管有多远，环卫工朋友们只要愿意来，我们一定热情接待。”

听好人故事

墨香飘在乡野间

汪世本原本是一名普通的村民。2011年，他做了一件轰动安徽铜陵的“大事”——在自己居住的农家小院里创办了一间“乡野文化棚”。

2011年3月23日，“乡野文化棚”举行了揭牌仪式。简陋的农家小院，三间红砖青瓦的小平房，平日寂静的院子突然变得热闹非凡，屋内、屋外的墙壁上挂满了书画作品。市、县有关领导来了，铜陵诗词学会的诗人来了，铜陵书画联谊会的书画艺术家也来了。大家在参观文化棚后，纷纷挥毫泼墨，现场题诗作画，为文化棚献出自己的作品。市老年书画联谊会会长高光明，看着眼前这墨香四溢的景象，难以抑制激动的心情，“一个农村书画爱好者，能有这样的公益心，让人感到钦佩”。

汪世本创办的“乡野文化棚”在2019年1月15日获得了“‘书香耕读’农村文化传播实践基地”的牌匾，落款是“义安区新时代文明实践中心”。汪世本没想到政府会这么重视自己创办的“乡野文化棚”，受到鼓舞的他下定决心要将它办得更好，要让更多的老百姓感受到乡村文化的魅力。

汪世本生在农村、长在农村，初中毕业后回家务农，但他对知识的渴望、对书本的热爱近乎成痴。劳作之余，他最大的爱好就是买书、读书、藏书。他什么书都爱看，也什么书都买，甚至把吃饭的钱都省下来买书。汪世本的家庭并不富裕，主要收入都来自农业，但他初心不改，几乎把所有的积蓄都投入了藏书。他秉持“碗里有粥不算贫，家中藏书方为富”的信念，通过经年累月的收藏，共收集字画500余幅、藏书5000余册、报纸数万张。

在20世纪90年代的农村，打麻将、玩牌是很多村民主要的娱乐方式，而随着外出务工人员的增多，很多农村留守儿童由于家庭教育缺位迷上了黑网吧。

汪世本痛恨那些聚众赌博的人，尤其是那些黑网吧，害得小孩们变成了“网痴”，整日沉迷其中。于是，他想为村民创办一个文化活动场所，能使村民在空余时间有一个去处，使留守儿童有一个学习的地方。多一个文化棚，少一个麻将室，少一个黑网吧，搞文化棚就是伸手拉他们一把，让大家有书看、有网上。

这间“乡野文化棚”不仅可以服务农村，还可以为城里人服务。既为他们提供一个落脚的地方，让他们感受农村文化，也让城里的空巢老人与农村家庭进行结对互助，让城乡老人加强交流，进一步丰富老年人的生活。同时，也推动了城乡一体化的进程。

近年来，随着年龄的增大，汪世本老人只能靠每月420元的新农保和少量的农业收入维持生活。为了把“乡野文化棚”建设好，汪世本把钱全部用在了文化棚的建设上。仅院内围墙、地面硬化、塑钢大棚等基建他就自掏腰包12000多元。汪世本说：“在有生之年，只要身体还行，我会一直把‘乡野文化棚’办下去，大门永远为大家开放。”

自“乡野文化棚”建成以来，每到周末和节假日，汪世本的农家小院里都会迎来一批又一批的参观者，汪世本总是热心地为大家免费提供茶水、点心，并义务为大家解说书画作品。人们在感受书画文化的同时，也感受到了汪世本老人热衷公益事业的淳朴、高尚的心灵。

说起汪世本，村民们无不竖起大拇指，真情为他点赞，都说他是一个朴实无华的好人。70多岁的村民查从新说："前年春节后，汪老通过自家的网络，下载了1983年以来历届春晚的视频，下雨天或农闲的时候就放给我们这些老年人看，他真是一个很有心的人。"

汪世本的好不仅体现在他创办"乡野文化棚"，丰富了乡邻的文化生活，更在于寻常日子里，他真诚待人、无私助人。每年春节前，他总是买来红纸和笔墨，无偿地为村民们写春联。对于村民们总是有求必应，让他们满意而归。每年汪世本都会在自己家的地里种一些青

菜，无论谁来采摘，他都一律不收费。他还把90%的菜薹无偿赠送给学校及乡镇敬老院、养老中心等福利机构，连续8年免费提供蔬菜近4万斤。

在汪世本的家里，路过的人时常会听到一阵阵欢快的笑声，那是留守儿童快乐的笑声。汪世本家是村里留守儿童的乐园，孩子们可以在这里畅游书海，安静地读书学习，也可以学习书法、绘画，因为这里有一位受人尊敬的汪爷爷。

如今，“乡野文化棚”还是自闭症孩子们的乐园。2015年，商丘市自闭症互助关爱协会、市义工会、市彩虹志愿者协会在汪世本承包的田地里建的“无公害公益小菜园”，让自闭症孩子在“乡野文化棚”既能感受文化的魅力，又能感受劳动的乐趣。汪世本被评为“‘感动江淮’志愿服务优秀典型”，他的大爱就像一股清冽的甘泉滋润着人们的心田，馨香益远，弥久醇香。

听好人故事

用残缺身躯创造人生的奇迹

6岁那年，石晓华因爬到一个没有防护围栏且架设得很低的输电变压器上被高压电击倒，经过全力抢救，虽保住了性命，但他永远失去了双臂。很快，没有了双臂的石晓华到了该上学的年龄，看到同龄的小玩伴一个接一个地踏进了学校的大门，他哭着央求家人把他也送到学校去。邻居和老师都感到十分惊讶，一个没有双臂的孩子用什么写字呢？面对大人们的质疑，石晓华说："我没有手，拿不了笔，但我有嘴，我可以用我的嘴含着笔写字、做作业。"老师被眼前这个没有双臂的小男孩感动了，石晓华终于如愿迈进了学校的大门。

上学期间，他克服了许多常人不能承受的困难和痛苦。为了减少上厕所的次数，他白天尽量不喝水。由于长期用嘴含着笔写字，他的上下门牙都变了形，往外倾斜了许多。通过不懈努力，他不仅学会用嘴写字，还学会用脚洗脸、刷牙、洗衣、做饭。就这样，石晓华从小学一年级一直读到初中毕业。

走出校门的他感到十分迷茫，今后的人生道路该怎么走？父亲看出儿子的心思，决定让他拜师学习书法，让他拥有一技之长，将来能够自己养活自己。于是父亲托人找到江苏如皋文化馆的书法家沈正教他书法。为了方便学习，石晓华从乡下来到城里的姐姐家暂住。

石晓华刻苦好学，他的书法技艺进步很快，除了写些参加书法展的作品外，偶尔还会帮单位书写会标挣些收入。1996年年初，走在大街上的他路过一家打印社，看到里面有两台电脑，两个小姑娘双手飞快地敲打着键盘。那时电脑可是新鲜事物，一般单位都没有电脑，打印文件还是用铅字打印机。石晓华决定学习用脚操作电脑，于是他走进打印社找到老板，打印社老板听了石晓华用双脚学电脑的想法，当场答应了下来。

一次偶然的机会，一位通讯员拍摄了一张石晓华用脚操作电脑的新闻照片，很快这张照片被《人民日报》《新华日报》《南通日报》等报纸刊发。海安县文化馆的一位老师看到了报道，打电话找到如皋市残联，要见见石晓华。如皋市残联理事长将石晓华送到海安县残联，并见到文化馆的那位老师。

很快，那位老师以石晓华为原型写了一个名为《求》的小品，并让石晓华出演男主角。小品《求》先后获得江苏省残疾人文艺汇演一

等奖、全国残疾人文艺汇演金奖。获奖后的石晓华被中国残疾人艺术团录用，正式成为一名小品演员。在小品表演收获满满的同时，石晓华也没有忘记自己对书法艺术的追求。他是世界口书协会会员，他的口书作品在1998年获得了“珠峰杯”全国书画大赛银奖。

“我的今天是社会给予的，所以我要感恩社会，回报社会。”石晓华是这么说的，更是这么做的。从1996年跟着父亲为公益事业捐出第一笔300元资金开始，他就一直奔走在公益路上，留下一串串闪光的足迹。

2008年汶川地震后，石晓华第一时间捐赠了800元，后又牵头组织唐山大地震幸存者、残疾人演员到贵州等地巡回义演，募集善款、物资近50万元。他不顾余震危险，去汶川慰问灾后困难群众，为他们表演节目、捐赠爱心款，鼓励灾区群众重建家园。有人劝他：“你行动不便，而灾区艰险。你钱到了，心到了，已经很不容易了，就不要亲身前往灾区了。”石晓华却十分坚决：“正因为灾难深重，灾区艰险，我更加义无反顾。房子震倒了，家庭震垮了，身体残疾了，但是人生不能坍塌。我要和灾区群众一起渡过难关，一起学会坚强。”

如今的石晓华已是两个孩子的爸爸，为了照顾家庭和两个孩子，石晓华和妻子吴唯华在2009年回到了老家如皋。2011年，为了帮助更多的残疾人自强自立，石晓华牵头组建了如皋市星光残疾人艺术团。他们排演节目在全国各地演出，收入盈余用于资助山区希望小学、贫困儿童以及残疾人学生。多年来，他还不知疲倦地到各地做公益讲座、励志演讲和表演，累计达300余场。他不向命运低头的人生态度深深感染了一批又一批人。

2014年，石晓华与来自云南、安徽、重庆、江苏、浙江等地失去双臂的6位残疾书画家成立“无臂七子公益书画联盟”，并将当年义卖的20多万元书画善款全部捐赠给绍兴残疾公益事业。2015年，“无臂七子”义卖作品筹款100万元，捐资给云南省丽江市玉龙县石

头乡，建立了“无臂七子希望小学”。2015年年底，得知山区遭遇严寒，石晓华个人又捐献了300件羽绒服。

2016年5月，石晓华在长江镇创办了“梅华馆”，为孩子们传授书画技艺，他用嘴示范，用脚指导，诲人不倦，毫无保留，不仅让农村的孩子能与城里的孩子一样享受书画的乐趣，更在学习中濡染自强不息的精神。2016年12月，石晓华的自传《无臂汉子》新书首发。在首发仪式上，以他个人冠名的公益基金——“石晓华爱心助残基金”成立。爱心基金成立以来，石晓华通过捐赠售书款等方式，为残疾人和困难学生捐助现金、物资20余万元。

石晓华说：“一个人既然来到这个世界上，不管命运怎样安排，都不能成为一个废人，要做一个对社会有用的人。”

听好人故事

耄耋老人 爱心无疆

“看到老人笑，整个人都会开心起来。”方桂馥老人很喜欢笑，他的笑容纯净，富有感染力。他是安徽枞阳县人，毕业于南京金陵大学农业经济系。30岁的时候，疾病让他的耳朵失去了听觉，但他很快从病痛中振作起来，继续坚持工作。方桂馥老人终身未婚、无儿无女，他谢绝了单位的福利分房，从河北沧州职业技术学院离休后，独自来到了养老院生活。

在养老院，方桂馥老人始终惦记着他的学生们，特别是那些家境贫困的孩子，他想着自己已经这么大年纪了，留着钱也没什么用，为什么不去帮助这些孩子们呢？2014年年底，他把这个想法告诉了前来探望他的沧州职业技术学院领导。为了帮助老人完成心愿，学院专门举行了“离休干部方桂馥同志爱心助学捐赠仪式”，老人一笔一画写下自己捐献的初衷：“让孩子们明白要好好读书，长大成为人才。”

方桂馥老人将一生积攒的73张存折，连本带息共计351157.57元，全部捐献出来作为助学金，奖励那些品学兼优却家庭贫困的学子，至今已有34名学生接受资助。

从那以后，老人又仔细计算了自己住养老院所需的费用，将原本留着用于自己生活的12张存折，本息共计42772.6元，拿出来再次捐给了学院。这一次，学院领导坚决拒绝，担心老人万一因为身体等原因需要用钱，身边没有必需的资金。老人读懂了大家的担忧，他拿出纸和笔写道：“如果我生病住院，住院费有单位报销，不用操心。我已留存9400元，够用了。让孩子们好好上学。”

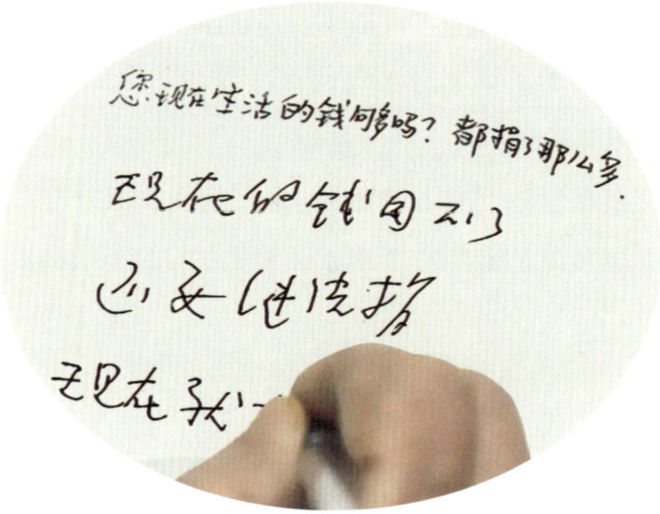

老人一生勤俭，对生活要求不高，对自己能省就省，但却把积攒下来的离休金，多则上万元，少则几千元多次捐给学院，捐款总额已超过

40万元。

“方老就像疼自己孩子的父母给儿女们攒钱一样，方老的存折金额最多的一张1.2万元，最少的一张500元，零零散散、断断续续存了40年。他近两年捐出的现金，也是攒多少捐多少，只给自己留下必需的一点儿生活费用，他是真的把学生们当成了自己的孩子。”学院同事李彬动情地说。

2017年，沧州职业技术学院大二学生张帅军因为成绩优异，获得了“方桂馥助学金”。他将自己精心准备的大红“寿”字送到了方老手上，希望老人健康长寿。张帅军说：“老人非常单纯、善良，一身正气，他的精神能触动人的灵魂深处。”

后来，李彬婉言谢绝了老人再次提出的捐款。她说每次来看望老人，都会被老人的精神感染，现在“方桂馥助学金”已进入良性运转，教育和帮助了很多人，得到资助的学生们也希望能够回馈老人，改善老人的晚年生活。

在学院的帮助下，老人的生活舒适了很多，但方老并不在意这些，日常所用依然是随身的“旧物”，最大的爱好仍然是坐在明亮的窗前读书。

听好人故事

用爱与善抒写女兵风采

老人摔倒，扶不扶？面对这个社会问题，“90后”女兵张咪做出了充满善意的选择。

2017年11月19日，西安的张春艳老人与老伴齐宝玉和亲戚去小雁塔景区游玩。他们下车后路过南稍门附近，齐宝玉和亲戚想要找一家商店买点儿东西，张春艳便一个人继续往前走，不想却发生了意外。

张春艳被一个骑车的小伙子不小心碰倒了，磕到了头，顿时感到既疼又晕，半天起不来。尤其是心脏，由于前几年做过支架手术，张春艳感觉很不舒服。这时忽然跑过来一个女孩，一边询问，一边把她搀扶起来。女孩让她先坐着别乱动，自己跑到路边拦了一辆出租车。

张春艳被送到了省人民医院，女孩帮她挂了急诊，陪着她做了心电图和脑CT，还给腿部拍了片子，前前后后一直悉心搀扶、照顾着她。女孩又给张春艳买了些吃的，替她垫付了医药费，直到联系上她的老伴，这才急匆匆离开医院，临走前又给了张春艳500块钱，叮嘱说万一她的老伴赶不过来，要有什么事就用这些钱救救急。

齐宝玉在接到女孩的电话后，也赶到了医院。

经过两天休息，张春艳的身体有所好转，这才想起在医院时，连女孩叫什么、住哪儿都没问。老两口翻出手机上的记录，从11月21日开始，多次给女孩打电话。让老两口纳闷的是，不管是白天还是晚上，电话始终无人接听。直到11月25日下午，电话终于打通了。问她叫什么名字、是干什么的，她始终不说。老两口不肯放弃，一个劲儿地问，最后她才说自己叫张咪，是一所军校的学员。张春艳说她要当面表达谢意，最重要的是，得把钱还给张咪。

11月28日一大早，老两口就与亲戚一起出门了，三位老人倒了好几趟公交车，直到上午11点，才赶到了张咪就读的国防科技大学信息通信学院。见到张咪的那一刻，张春艳与张咪拥抱在一起，老人激动得说不出话来。齐宝玉感激地说道："老伴身体不好，前段时间刚做了心脏支架手术，腿脚又不灵便，这次多亏了解放军，否则后果不堪设想。"张春艳拿出1000元现金还给张咪，还把一面锦旗交到学校，学校这才知道张咪做了这样一件好事。

张咪是一个“95后”，一名地地道道的西安姑娘。虽然只有22岁，但是军旅生涯让张咪多了几分稳重。

张咪回忆，11月19日那天正好是星期日，按照学校的规定，她只能在这一天外出。那日，她正准备去帮弟弟咨询辅导班的事情，结果刚出南稍门地铁站一会儿，就遇到摔倒在地的张春艳老人。

张咪没想到老人会找来，更没想到要什么回报，当时老人摔倒的地方离自己10多米远，老人捂着胸口躺在地上，脸色不对劲儿，嘴里也含糊不清，张咪担心老人会发生骨折、脑梗之类的情况，自己的第一反应就是赶紧送医院。

上了出租车，她特意把老人的情况告诉司机，叮嘱司机尽量开稳点儿，以免颠簸使老人出现意外。司机提醒张咪赶紧联系老人的家属，老人说手机和钱都在老伴身上，联系不上。司机担心，如果老人出意外，怕不但给张咪添麻烦，还给自己带来麻烦。

不过到了医院以后，张咪便很快打消了顾虑，当时老人精神状态不是很好，但是一见医生就对医生说："是这个小姑娘救了我，我俩并不认识。"张春艳的这句话让张咪感动不已，她决定留下来陪着老人做检查。医院里排队的人很多，情急之下，张咪给大家说明了情况，没想到不少人让出位置，让张咪提前挂号。在老人做脑部CT时，本来只能排到下午了，她把老人的情况向医生说明后，再次享受了便捷服务。正是这每一个人的友善，一次次给了她信心。

按学校规定，下午4点之前张咪必须归队，她只好向老人说明情

况，然后匆匆离开了医院。回到学校，张咪就像什么事情都没发生过一样。周一至周五学校不允许使用手机，直到11月25日，星期六下午，张咪才接到了老两口的电话。

张咪不但是个善良的女孩，在部队里也是一名德才兼备的女兵。2016年，她以军级单位第一名的成绩考入军校，在校期间各方面均表现优异。当大家在朋友圈里为张咪的善举纷纷点赞时，她却轻描淡写地说："为人民服务，从小事做起，我只是做了一名军人该做的事，我相信我们军人遇到这种情况都会力所能及地帮助别人。"

听好人故事

老党员的“长征路”

1998年，退休后的范厚文回到老家贵州省毕节市七星关区大银镇石营村生活，也是从这年起，他成为一名“铁杆报粉”。每隔四天一次的赶场天，他就走一个多小时的路，到大银镇政府拿报纸。这已成为他20多年来从不间断的坚持。

老人的家中永远有一沓厚厚的报纸，《人民日报》《老年报》《贵州日报》《毕节日报》《毕节晚报》……

一份2017年12月30日的《人民日报》明显比其他报纸旧了很多，其中，一篇题为《中央农村工作会议在北京举行》的报道上，一只红笔标注得特别仔细。

这篇报道是关于农村发展的，里面有很多惠民政策，范厚文看了好几遍，还将上面提到的政策工整地记在笔记本上。一直以来，他不仅自己读报，还担任石营村的“讲习员”，他给村民们讲习政策，讲述大家感兴趣的好故事。

领了20多年的报纸，按理说家里应该都堆成一座“小山”了，但在范厚文家里，却不见成堆的报纸。原来，老人每次把领回来的报纸都分发给了村民，有些村民还自己到家里来找报纸看。

范厚文平时看得最多的就是本地的《毕节日报》和《毕节晚报》。《毕节报》从1985年11月1日复刊，到1999年12月更名为《毕节日报》，范厚文老人正好见证了这一改变。

现在，大银镇政府工作人员每到赶场天就会提前为这位“老熟人”准备好报纸，等候他的到来。

除了定期去拿报纸，范厚文还有一件17年来从未间断的“规定动作”——修路。

“走到哪儿，修到哪儿。”这是村民对他坚持义务修路的评价。范厚文修路的装备是两把自制的锄头，是专门找当地铁匠特别打造的。锄头手把都用空心钢管焊牢实，一把锄头一头尖，一头扁；另一把一头扁，一头像锤头一样。范厚文介绍说：“尖的这头是撬石头的，扁的这头是挖土的，像锤头的这头是敲石头和压土用的。”每一把锄头至少有五六斤重，但他却说不感觉重，要这种强度才能撬动石头。

他有时候修半天，有时候一修就是一天，如果路太远回不了家，老伴会在前一天晚上给他煮几个鸡蛋，带着第二天当午饭。他一般早上8点出门，下午4点左右回来。2012年5月的一天，范厚文遇到一

个开班车的司机，那个司机人很好，捎了他一程，还说以后可以在路边等，他会捎范厚文回家。

然而，也并不是所有人都理解他的这个“习惯”。有些人问：“你天天修路，又没人给你开工资，你家也没有车，你图什么呢?”老人只是笑笑说：“修一下，大家都好走嘛。”

从1998年到2015年，范厚文的两把锄头总共挖断过三次，最后一次换上的新锄头，也被慢慢磨得只有之前的一半长了。

现在道路变好了，他的“两位战士”也“退役”了，但范厚文却又开始了新的“征程”——打扫卫生。从2015年开始，范厚文便随时挥着扫帚出现在石营村的大街小巷，不仅自家门口干净整洁，各种路边的垃圾也成了他清扫的对象。

农民、党员、退休职工，范厚文从2015年起还有了一个特殊的身份：民生监督员。危房改造的钱得到了没有？精准扶贫的钱得到了没有？什么时候发的？发了多少？这些都是他自2015年当选“民生监督员”以来，需要到大银镇19个村民组的村民家里去核实的信息。

范厚文的直率、坦诚，得到了村民们的信任。民生监督员不仅管资金问题，还是村民文明行为的监督者。提起几个月前的一件事，范厚文自己都乐了。为了整治环境卫生，石营村在村民聚居区投放了一定数量的垃圾箱，但一段时间后，人们发现垃圾箱的数量明显少了很多。

范厚文便四处去找原因，结果发现，有些村民把垃圾箱抬回自己家中装苞谷了。知道这一情况后，他便一家一家走访，旁敲侧击地暗示，过了几天，垃圾箱又回来了。

范厚文对村民公平公正，对家人则更严格。2017年5月，范厚文3岁的外曾孙女因一场意外失去生命，外孙女和孙女婿痛不欲生，情急之下表示不能原谅肇事者。范厚文见此情景，当头就是一顿“严厉”地劝解，说：“司机有责任，就相信法律，按规定来处理，再闹就是胡搅蛮缠了。”经过他的开导，事情最终和气地解决了。

2001年和2012年，范厚文两次被评为“优秀共产党员”。家人也在他的影响下，积极申请加入中国共产党。现在大儿子范贤会、孙女范小卉、孙子范建承都成为共产党员。

有人问他：“为什么总是闲不住？”他说：“不做点事情，每天都不舒服。”

听好人故事

晕针的“献血达人”

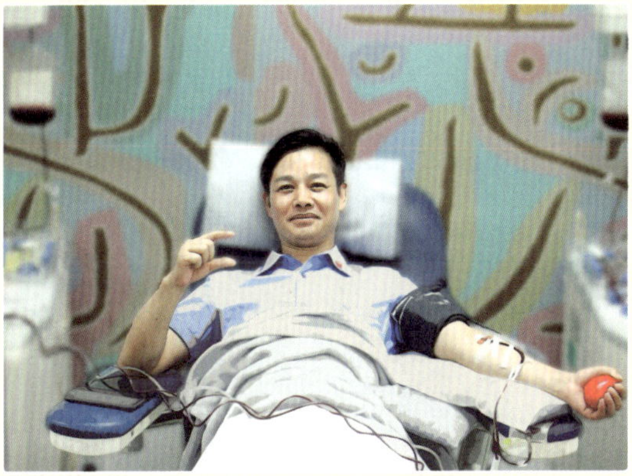

走进鲁立的家中，厚厚的一摞献血证十分耀眼：200毫升、300毫升、400毫升，有全血，更多的是成分血。19年间，他坚持每个月献血2次，如今累计献血量已达20多万毫升。

搞体育出身的鲁立，本身就有着健康的身体，最早做过游泳教练和健身教练，又因为每个月的献血而坚持控制烟酒。当问他这个献血量是不是很多的时候，他谦虚地说：“这个献血量真的不算多。我在参加一个无偿献血者户外活动时，才知道超过20万毫升献血量的人实在太多了……我想只要身体一直健康，就会坚持献血。”

鲁立永远忘不了1999年的那个下午。那天，年仅15岁的他经过一家乡村医院，看到一名男子在医院门口举个牌子跪着请求好心人献血。原来，该男子的妻子难产，却因刚献的血需要检测和配型不能马上使用，最终导致孕妇和双胞胎不幸死亡。鲁立感到十分难过，他暗自发誓："等我成年了，一定要长期坚持无偿献血。"就是那样一次特殊的经历，让他从此在无偿献血和慈善事业上默默前行。

从18岁开始，鲁立就活跃在了无偿献血的队伍中。每隔一段时间，他就到市血液中心撸起袖子献血。谁也不知道，这个七尺男儿一直非常惧怕小小的针头，鲁立常常自嘲地说起晕针的事情，"晕针一直没法克服，前不久来献血时，因没有一针到位，回头看了一下差点晕过去"。

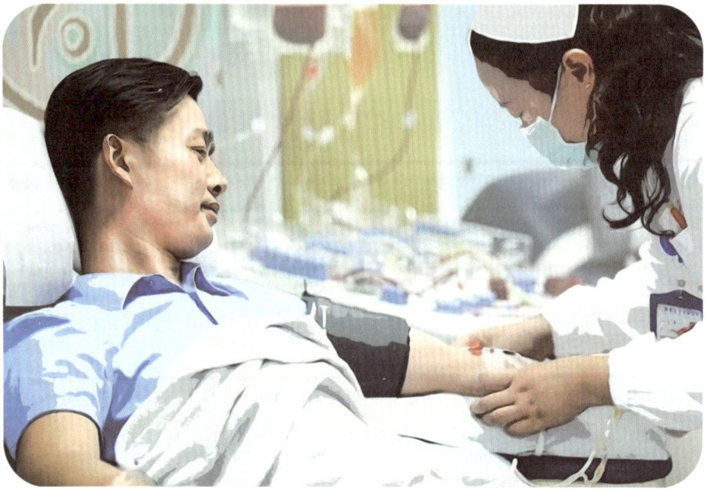

鲁立不但自己坚持献血，还带动身边的朋友组建了民间紧急无偿献血小组，目前累计有100多人加入。一旦血液中心缺血，他就会主动号召小组的朋友们共同去血液中心献血。用鲁立的话说："我的小组就是紧急备用血库。”

2010年，南京市血库告急，鲁立得到消息后，主动联系血液中心组织了一次活动，小组的成员们全部参加了那次无偿献血。雅安发生地震时，鲁立第一时间就想到血库可能需要一些紧急备用血，于是在单位拉了一条横幅，组织了一场爱心献血的活动。受到他多年无偿献血事迹的感染，很多人纷纷前往献血。

以真情理解社会，用行动感恩社会的鲁立，曾连续四届获得“全国无偿献血奉献金奖”，并获“南京市好市民”等荣誉称号。他不但持之以恒无偿献血，还积极参与社会慈善事业。除了参与无偿献血，鲁立还积极为灾区捐款捐物，自2014年起，他每年坚持向四川大凉山、贵州贫困山区捐资捐物。据了解，3年来他拿出自己平日积攒的

零花钱，给贫困山区捐赠衣物。后来，经过朋友介绍，他接触到一家无偿援助四川大凉山贫困山区和贵州贫困山区的社会公益组织“大象小象”，通过考察后，鲁立开始发动身边的朋友们为其征集慈善物资，让爱不断延续、扩大。

做一件好事很容易，坚持一辈子很难。在奉献爱心的道路上，鲁立走得蹄疾而步稳。

听好人故事

“油条夫妻”平凡之中见伟大

袁兴书是安徽省亳州市谯城区大杨镇郭万小学的一名教师。2012年，他的妻子刘颖在亳州市区开了一家名为“刘记油条”的早餐店。

夫妻俩看到冒着严寒打扫卫生的环卫工人，就想着给他们一点温暖。此后，每到冬天，“刘记油条”早餐店都会让环卫工人免费吃早餐，为他们免费供应热水；夏天，夫妻二人每天中午都会把60多公斤重的绿豆汤熬好，晾凉后再开着电动三轮车，沿着魏武大道从南到北来回将近10公里，为每位环卫工人送去。他们的行动影响了很多沿街商铺，都争先恐后地加入到“为环卫工人送清凉”的活动中。从此，这间小店成了环卫工人的“爱心驿站”。

2013年年底，正是天寒地冻的时节，有一位70多岁的乞讨老人颤颤巍巍地从早餐店门前经过，刘颖赶忙叫住了他，将他搀扶进店里，递上了稀饭、油条和菜饼，让老人吃了个饱。从那天开始，刘颖都会让老人来这里免费吃早餐。

袁兴书是亳州市爱心协会成员，经常和志同道合的朋友一起做公益，帮扶贫困户、资助贫困学生，组织社会爱心人士准备礼物和文艺节目走进光荣院及乡镇敬老院……7年来，每到周日，夫妻俩都会风雨无阻地为亳州光荣院的老人和儿童福利院的孩子们免费送油条。

这对“好人夫妻”的善举，深深地影响着他们的孩子。刘颖说，之所以给儿子取名“恩泽”，就是希望他能常怀感恩之情。袁兴书任教的学校有不少留守儿童和建档立卡的贫困儿童，学校每隔几个月就为这些学生过一次集体生日，袁兴书每次都会带着儿子和儿子的好朋友，来到学校送生日礼物，陪他们过生日。

在良好的家风和父母的教育下，今年12岁的恩泽也慢慢懂得了感恩，学会了关爱，渐渐成长为一个富有爱心的孩子。他跟随父亲去乡村小学、贫困家庭时，常常将自己的压岁钱、零花钱拿出来，献出一份爱心。恩泽平时也很节俭，很少花零花钱，总说要攒着，到时候用到需要用的地方。

袁兴书说，捐献角膜是给他人带来光明和希望的好事。看到身边的朋友签署了角膜捐献志愿书，袁兴书也想加入志愿捐献者之列，他的想法得到了妻子的响应和儿子的支持。后来因为刘颖怀了二胎，这件事耽搁许久，但一直记挂在袁兴书夫妇的心中。现在，他们的女儿渐渐长大，这份心愿终于可以实现了。2019年4月8日下午，袁兴书

和刘颖一起，来到了亳州市红十字会办公室，在志愿捐献遗体（角膜）登记表上签上了各自的名字。

刘颖说："我们做善事不是为了荣誉，只希望能为社会多作一些贡献。"

听好人故事

退休老教师义务补课数十载

在江苏省泰州市姜堰区大伦镇申扬村，有一间20世纪80年代建的青砖瓦房，那里是马如松老师的家。马老师已经80多岁了，他曾是大伦初级中学的一名高级教师，任教40多年来，教过初中的数学、物理等学科。2001年退休后，他开始利用周末的时间在家里开设辅导班，义务给孩子们补习数学。每到周末，马老师家里都人来人往，院里院外停满电动车、自行车。

马如松老师的家虽然简陋，屋里的桌椅床柜也已经很老旧，但每个周末的清晨，课堂就开始热闹起来。堂屋里放着一大一小的方桌，十来个学生坐在一起认真听讲。马老师手握三角尺，在黑板上写写算算，边画图边生动地讲解几何知识。

马老师手中的三角尺也很破旧，缠上了几层厚厚的胶带，这把三角尺陪伴了他的整个教学生涯，他不舍得扔。小课堂上的两块黑板也很老旧，其中一块黑板还是马老师用家里的床板油漆而成的。

“孩子们补习的环境会越来越好的。”马老师说。后来有学生家长送来了一块白板，为小课堂添置了教学用具，孩子们看知识点就更清晰了。

如今，马老师的一些学生回想起当年的补课时光，仍很感慨。

一名早已大学毕业并走上工作岗位的学生说，她仍时常回忆起那段在马老师家补课的青葱岁月，从初中到高中，一个又一个寒暑假，她的数理化都是在那里补习的。“马老师总是一副慈祥的面孔，从来没有收过一分钱，从来没有骂过我们一句。房子周围总是停满了我们的自行车，小伙伴们开开心心地骑车来，欢欢喜喜地回家去……”

邻居夏大妈的两个孩子都在马老师家补习过，如今都考上了理想的大学。夏大妈说：“这么多年来，马老师从没收过一分钱的辅导费，马老师人太好了，教得也细致，孩子们都喜欢来这里补习，一些家长硬是把钱塞到他手里，他都会一一拒绝。”

家长和学生们都是慕名而来，不仅有大伦镇，还有蒋垛镇，甚至有姜堰城区学校的孩子来补课。其中还有一些是留守儿童、孤儿等困难儿童。

马老师的家庭并不富裕，身世还有些坎坷。9岁那年，马老师的父母相继离世，他成了孤儿，之后跟随姑妈生活。他从小勤奋好学，后来考上了扬州师范学院，20世纪60年代进入中学任教，任职时多次被评为市（区）先进教育工作者。

1997年，马老师的儿子患上重症肝炎，治疗费花了几十万。2016年，儿子英年早逝。但是，马老师把一对双胞胎孙女培养成了研究生。在儿子患病治疗期间，他硬是没有向任何人开口求助，更难能可贵的是，辅导班一直没有中断过。

马老师的一番话质朴却情深。“我也曾经是一名孤儿，能得到社会的关爱和培养，我才能做一名人民教师。我得感恩，这份初心不能忘记，但我可以忘记自己的年龄。”马老师还说：“很多留守儿童、孤儿来补课，小课堂不仅能帮这些贫困儿童辅导学习，也能帮着照应他们，这里也就成了他们临时的家。”

秉持着“活到老，学到老”的信念，马老师尽管已经80岁了，但是他不服老，家里订了很多报纸杂志。他也喜欢钻研难题，经常把最新的中考、高考试题拿出来琢磨，对知识点进行总结，他希望能教给孩子们真正有效的学习方法。

开办辅导班以后，马老师曾被评为江苏省城乡社区校外教育辅导站工作先进个人。2017年，他的辅导班还被大伦初级中学正式授牌，命名为“崇实教育校外辅导站”。

马老师希望能有更多年轻的教师加入辅导站来做志愿服务，帮助有需要的孩子。等寒暑假到了，马老师的辅导班会全天开放，他又要开始忙活了。

听好人故事

独舟一叶　便民万家

“让我们荡起双桨，小船儿推开波浪……”夕阳西下，完成了一天的投递任务，唐真亚哼着歌，摇着小木船的船桨，在烟波浩渺的洪泽湖上前行着。

古铜般的肤色，是唐真亚和当地渔民的共同标志。夏天顶着骄阳烈日，冬天冒着刺骨寒风。常年水上投递，船上日晒雨淋的生活对唐真亚来说，是最平常的日子。

水上投递不同于陆上，出现信件和包裹地址不详的情况会比陆上更多，要费工夫寻找。唐真亚所在的江苏省淮安市老子山镇三面环水，全镇 1.6 万居民中几乎一大半散居在湖荡滩涂，过着养殖、捕鱼的水上生活。渔民在湖上漂着，还不时地搬家，自然也难有固定的住址。可唐真亚却总能找到他们。

在前不久来了新投递员之前，一直作为镇里唯一投递员的唐真亚投递的报刊、信件、包裹等已经达110万份。寻亲、寻战友、录取通知书等信件，即使完全符合退信条件，他也会想方设法妥投，能不退信的就不退信。正是这股轴劲儿，让他保持着投递差错率为零的纪录。

唐真亚小时候，湖对岸的一位关系不错的亲戚结婚，婚礼是八月份，可父亲直到十月去村委会开会时，才看到信。当时他就想，如果是自己做邮递员，一定要把信及时送到收件人手里，决不能误事。

1999年，干了十几年农村小学代课教师的唐真亚下岗了。听说镇里邮递员11年来一年一换，他打算试一试。当老师能传递知识，邮递员也能传递信息和知识，唐真亚的内心很喜欢这份工作。

怀揣着信心与喜悦，唐真亚去老子山镇邮政支局报到了。到了才知道，这个所谓的支局其实就一间砖房，职工就他一个人，而他的“坐骑”是条双桨的小木船。

2003年8月，一封落款为“长山村杜中祥”的大学录取通知书到了唐真亚手里。该村6个组，组与组相隔30多里。他问了个遍，都说查无此人。后经多方打听得知，考生住在一个叫“剪草沟”的芦苇荡里。唐真亚背起水和干粮，划着船就摸过去了。当天本就有大风，行至中途，风力陡增到7级以上。一个大浪打来，小木船翻了，扣在了水面上。他一手扶好邮件，一手抓着船沿，想着法儿往岸边漂。后来还是渔民帮着把他从水里捞了起来，带到了考生家。

看到落汤鸡似的唐真亚和完好的通知书，考生家长又后怕又欣喜，感动极了。

虽然小船比较危险，但唐真亚说船太大就通不过小河道和滩涂，不能把信件给渔民送到家门口。洪泽湖是悬湖，水体落差大，有时送一封信他要用三种船“接力跑”才能送到位：水面开阔处开机动船，到了河道换划桨木船，水再浅点儿就撑篙，最浅处就要穿胶鞋下来推船了。

“想做好一项工作，不能就等着8点钟上班，5点钟下班。”唐真亚说道。这是他投递110万件邮件包裹零差错的重要原因。

谈到这，他回想起了自己第一天做投递员时的场景。那天他怎么也找不到门牌号，送过了的人家又去送一遍……那天的任务，他加班干到夜里也没能完成。刚开始那三个月，唐真亚在夜里做梦都梦见送错了件。

该怎么提高效率，增加妥投率呢？洪泽湖湖面广阔而孤寂，每次投递完回来的路上，唐真亚总是会思考这些问题。对他来说，这就是在水面上唯一的娱乐。

提前一天通知取件人并给每个邮件排好顺序和路线，一边投递一边记录路两边门牌的单双号，记住投递线路中的每条路、每个村。时间久了，老子山镇的一幅“邮区实景图”就印在了他的脑子里。

“岸上的路线，从邮局出发到桃园路、淮东路、水产路、湖滨路……友谊路、军民路、梨园路、青牛巷。在水上的话，我就先到新淮村，再到马兰港海事处……”闭着眼，唐真亚可以背出邮路途经的所有路名和村名。

2006年，有封信从云南寄来，写的地址很详细，收件人姓郑。但是唐真亚找来找去都说查无此人。这种情况是完全可以退信的，但是这地址这么详细，肯定有这个人。他心里嘀咕着，没有退信。后来，他边工作边打听，终于在一个中年妇女口中得到了信息，原来湖区一个姓刘渔民的老婆正是云南人。带着信，唐真亚利用周末，一个滩涂、一条河、一个村地去找，最后还真让他给找到了这位姓郑的女士。

前两年，有封从湖北寄来写着“老子山乡吴斌战友收”的信，寄件人只写了湖北武汉，属于地址不详的信。但是如果退回去的话，对方又没写详细的寄件人地址，按正规的处理会退到湖北武汉，由湖北武汉存档，如果没人来找，这封信就会变成死信。唐真亚思索着，现在信息这么发达，即时通信很方便，可他还写信，就说明，他们过去一定失去了所有的联系方式。想到这，他没有退信，寻找了两个月。问过派出所，查阅过镇里行政区划的变迁。在见过老子山乡以前的30多个村支书和近100多个退伍军人后，他找到了和吴斌一起参军的战友周先生，通过周先生找到了已经在10年前把户口迁到淮安市区的吴斌。

很多找战友、找亲友的信，都是地址不详或易址的，但唐真亚总不愿放弃一点点线索。唐真亚的退信退件不多，来到他手上的信件基本上都不会退。面对疑难件，他会采取多种方法查找，而不是一退了之。

投递要抓紧时间，所以每次出门，唐真亚都会给自己带上些干粮和水。他的午饭和晚饭经常靠这些就解决了，而他船上捎的东西就丰富得多了。

日用品、浮球、煤气、米面，每次去投递，他总会记录下渔民们的需求，并买来给他们送到家门口。时间久了，渔民们把存取钱、交话费的事也交给了他。唐真亚也曾是渔民，知道他们上岸的机会少，他便帮忙给渔民们买补给，这样就可以节省渔民开着机动船，自己去做这些事的时间和花费。唐真亚说，邮政是做普遍服务的，让渔民们生活方便也是他的责任。

不仅如此，他还四处搜集致富信息。听说养殖水产能挣钱，他就自费买了相关书籍资料，分发给渔民。“搞养殖，有的渔民一年能挣二三十万，我劝过他也跟着做。”在当地媒体的一则采访中，唐真亚的妻子曾这样说。但是看到他这么执着，把投递员的工作做得这么好，妻子也不再提这件事，很多时候，她还成了唐真亚分拣信件的助手。

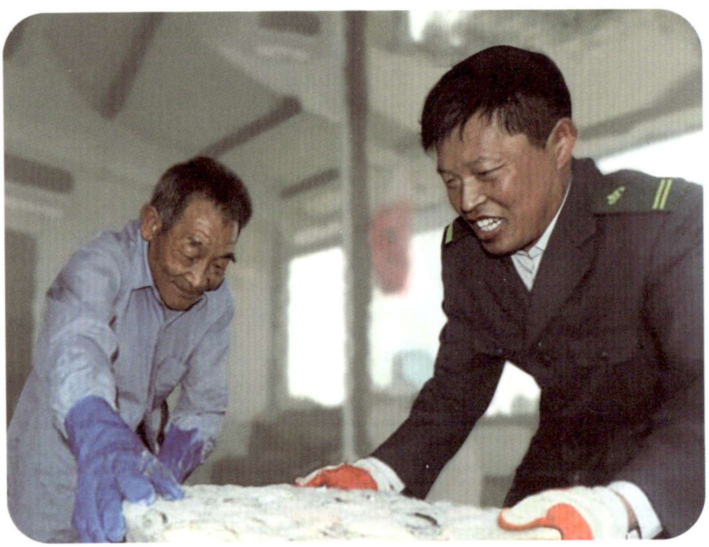

“大湖鸿雁”是邮区渔民对唐真亚的称呼，唐真亚认为这是百姓对他的服务的一种肯定。作为党代表，他觉得能把文化、信息、党的方针政策传递给百姓，同时解释百姓的问题，正是他的职责所在。

无论是外出开会还是作报告，回来再晚，他第一件事就是加班加点把书信送完，把渔民嘱咐的事办完。

目前，他一手策划的“邮政水上便民店”正在紧锣密鼓地配备电脑等设备，他想把这家店放在附近一个搞旅游开发的村子里。这家漂在水上的便民店开张以后，渔民的快递代存、缴费都可以在这个便民店完成。来旅游的人，也可以直接刷卡消费了。

唐真亚热情为水乡群众排忧解难，用辛勤的汗水将“水上邮路”演绎成“爱心邮路”“便民邮路”“信息邮路”“致富邮路”和“平安邮路”。

几年前，考虑到他年龄偏大，上级部门为他配了一条机动船，让他的水上投递轻松了很多。

对于自己为什么能在这么艰苦的岗位上坚持20多年，唐真亚认为，首要原因是他从心里喜欢这件事。他对择业有着自己的看法：年轻人选择岗位，不能只看收入，还要看自己是不是真的喜欢。如果喜欢的工作没有太高的收入，那就要看它的社会效益。唐真亚说：“我很享受做投递员的过程，会在一线干到退休。”

听好人故事

从为己谋生到投身公益的“楚天名匠”

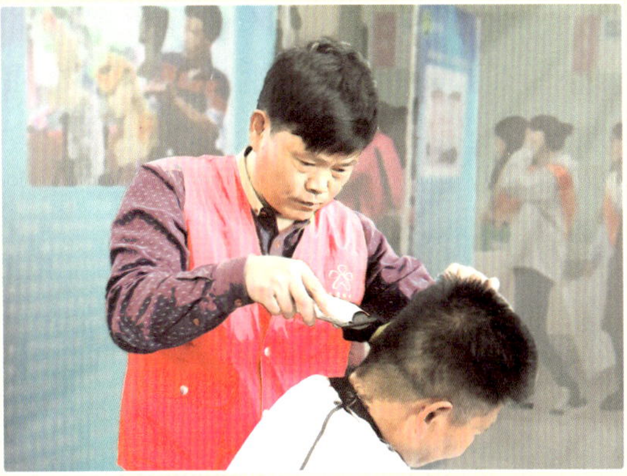

“我不能拒绝残疾人，如果连我都拒绝，那他们更没办法生活了。”10多年来，武汉市蔡甸区美发师宋忠桥一直免费收残疾人学徒，热心参加各类公益活动，把“剃头匠”这个最初只为谋生的职业，一步步做成了公益事业。

宋忠桥自幼患小儿麻痹症导致右腿残疾，至今离不开拐杖。1997年，他从原单位下岗，为了养活自己，决定南下学艺。他想来想去，觉得学美发比较适合，是手艺活儿，劳动强度不高，投资也不大，挣钱应该稍微容易些。在广州学习半年后，宋忠桥回到武汉寻找工作。然而他发现，找到愿意接受自己的美发店十分不易，一些店老板甚至直接说：“你一瘸一拐，影响店里的形象，我们不要。”

2001年，宋忠桥在汉口宝丰路寻得一个6平方米的小屋自立门户，但初入行没有丝毫经验，店开得并不顺利。仅仅半年的时间，就亏了几千块，只好关了门。随后数年间，宋忠桥辗转多地，在随州、襄阳等地开店，并四处拜师学习。随着经验的积攒，他的手艺日益精进，还当上了当地职业学校的培训老师。2010年，宋忠桥的第一家“精英美发中心”在汉阳开业。第二年，他代表湖北省参加全国残疾人职业技能竞赛，首次参赛就进入全国前十。

从此，他在武汉的生意越做越好，先后在汉阳、武昌开设了4家连锁美发店，还参与美发行业比赛，多次获得省、市乃至全国级冠军。宋忠桥的名字，也随之在美发行业逐渐打响。

宋忠桥依靠美发改变了自己的生活，但他始终记得初入行的艰辛，尤其是残疾人就业的困苦。因此，他格外愿意帮助那些希望学习手艺谋生的同伴。“我被拒绝过，我不能让他们再被拒绝。”

2010年夏，宋忠桥遇见了他在武汉的第一个残疾人徒弟彭飞龙。一天下午，一个老顾客找到他说，家中有名20岁的聋哑亲戚，希望跟着他学理发，宋忠桥毫不犹豫就答应了。“能够帮助其他残疾人，当然要帮，而且当时无论是技术还是经济上，都已经有能力了。”他说，“自己了解被拒之门外的感受，所以更愿意帮助其他残疾人。如果我们残疾人自己都不互相帮助，那怎么能行？”

自那以后，宋忠桥开始免费收残疾人学徒。如今，在宋忠桥的4家店里，22名员工中，大部分都是他亲手教出来的残疾人徒弟。他知道残疾人的苦，所以收徒弟从来不挑，也不收费，但是必须能吃苦和有爱心。宋忠桥认为，只有愿意吃苦，才能真正学到手艺，他才算真正帮到了徒弟们。此外，宋忠桥还在湖北残疾人职业培训学校、蔡甸区残疾人服务中心等院校担任培训师，近10年的时间里，他培养了200余名残疾青年成为美发师，帮他们找到了谋生的职业。

2017年的湖北省职业技能大赛中，美发项目前三名全是宋忠桥的学生。曾经的学生郭鹏飞，27岁开始跟宋忠桥学习美发，2013年就获得了湖北省美容美发化妆大赛冠军，回到咸宁老家从业后，每月收入超4000元，原本的生活条件得到了很大改善。

除了帮助徒弟们学会一技之长，宋忠桥还始终坚持带着徒弟们做义工。

以他的名字命名的“宋忠桥志愿服务队”从2010年开始，每周都会在武昌、汉阳和蔡甸等地的居民社区、福利院，为行动不便的居民义务理发、修甲。宋忠桥为他的志愿队制定了“4个100计划”，走进100个社区免费理发，为100个家庭上门服务，资助100个贫困留守儿童，帮100个困难子女培训技能。目前，他们已经服务了152个社区，资助了10多个留守儿童。他说：“我们自己得到了帮助，有能力了，就一定要帮助别人，要让爱心延续下去。”

听好人故事

用手“搓”出来的脱贫路

高寒偏远的湖北省恩施州建始县官店镇，有一位双目失明、搓着烟绳的老人，他就是“盲人英雄”史建章。

1964年，史建章凭借过硬的身体和政治条件光荣入伍，成为一名在西北大漠服役的工程兵。

1967年5月，部队转战广东某海岛修建军事设施。午休时，史建章扛着变钝的钢钎走到锻造处，想请锻造兵打磨打磨。看见锻造兵忙得团团转，史建章就自己动手捶打起来。

不幸发生了！一颗铁屑飞来，如子弹般射进史建章的右眼……

1975年7月，部队转至湖南施工。史建章带领战友排查预留物资，发现两盒过期雷管，决定引爆销毁。

悲剧再次发生了，一声巨响，点引线的史建章淹没在爆炸的浓烟中，他在医院里昏迷了一周……这次，他失去了左眼。

1976年，部队同意了他回乡疗养的选择，按月按标准保障他在家乡的生活。

史建章刚回到家乡时，乡亲们怕他寂寞，下雨天或晚上常常来到他家里，陪他聊天打发时光。

乡亲们谁家里做了好吃的，总会来接他去吃“转转饭”。崎岖的山路总能见着老人或小孩牵着他的手，一步一步前行。

乡亲们清楚史建章家里人口多但缺劳力，烧柴成问题，就轮流帮他家上山打柴，有时将自家的干柴一捆捆背到他家里。

乡亲们的帮助给了史建章莫大的生活勇气。史建章觉得，乡亲们帮助自己的，总比自己帮助他们的多。

“我能为乡亲们做点什么呢?”史建章经常这样问自己。

山里人种苞谷、烟叶，秋收时，他主动找上门，帮忙撕苞谷壳、搓烟绳、打背篓系、锯柴，从来不收分文。打背篓系是个细活儿，他看不见，只能用手摸，锋利的竹刀、篾片在他手上划出了一道道口子。

“看都看不到，做这些图什么?”妻子陈秀珍心疼他，直“埋怨”。

“帮大伙儿织条背篓系，我心里踏实。”

帮乡亲们推石磨是史建章练就的一个绝活。那时候村里还没有电，都是用石磨粉碎谷物。推磨真是一个适合他的活儿，要力气，动作单一。驾轻就熟后，他要求左右邻居都把玉米送来，由他帮忙磨碎。邻居们不敢让这位“盲人英雄”太过劳累，纷纷拒绝，但最终谁也拗不过他。

史建章并不满足于这些，他想帮乡亲们做更有意义的事。

村民的主要经济来源靠种烟，烟叶在当地被称为“黄金叶”。烟叶成熟需要烟绳吊起晾干，那时全是用山上的棕树叶来搓烟绳，加之搓烟绳费时又费力，烟绳多少决定种烟多少。

自己“闲”着反正没事做，正好可以给乡里乡亲帮忙。史建章拿定主意，苦练技术，很快就掌握了搓烟绳的窍门。

“你们多种烟，烟绳包在我身上！”

村里龚德林、龚德池两兄弟日子过得很苦，1984年，他们的父亲

病逝，更让一贫如洗的家庭雪上加霜。第二年春，史建章主动找上门。在他的鼓励下，兄弟俩种烟3亩，卖了1000多元钱。后来，史建章帮他们搓烟绳，越搓越多；兄弟俩种烟，越种越多。短短两三年时间就摆脱了贫困，都娶上媳妇成了家。

在以后长达15年的时间里，史建章成了大忙人，常年奔波在周边两个村民组的50多户乡亲家里，搓完了东家的烟绳又赶西家，搓完了这个村民小组又赶往下一个村民小组，每年搓4米一根的烟绳不下7000条，总计超过10万条。

史建章搓得手上长满厚茧，烟绳越搓越多、越搓越长，乡亲们种烟也越种越多，家家户户靠种烟相继摆脱贫困。他用双手"搓"出了一条乡亲脱贫路。

"我这一生最应该感谢上苍的是，我找到了一位好伴侣。"史建章经常会这样"炫耀"，感慨伴侣是上天给他坎坷人生最大的补偿、最大的荣耀。

在部队双目失明后，为不连累教书的妻子，史建章主动提出离婚，妻子说什么也不同意；回到村里，自己一次次帮乡里乡亲，妻子一直默默支持。

"秀珍，跟你商量件事，出点钱，给乡亲们把水接通！"

2018年年初，史建章跟老伴商量，得到的是满口应答。

一管清水进农家。在老伴陈秀珍的支持下，史建章积极争取镇水管站等部门支持，自来水管有了眉目，但一盘算，还是不够，老伴二话没说，从自己的退休工资中取出1900元到集镇上购买了800米水管子拉了回来，最终让居住在金家湾村的1、2、4组村民全吃上了自来水。

史建章原居住地鱼精坝村6组极为偏远，地处两县三镇交界的边角地区，山广人稀，祖祖辈辈生活在这里的村民脸朝黄土背朝天，村民打杵子、背篓子不离身，卖猪要抬轿子，他看在眼里，急在心上，发誓要打通村民的出山路。

“秀珍，我想出点资金把这两个组的路修通，行不？”

“好啊！我全力支持你！”1999年，为了修通当时居住的鱼精坝村两个村民组的出山路，史建章试探着跟老伴商量，得到的依然是老伴的全力支持。

有了老伴的支持，在召开的群众大会上，史建章底气十足。考虑到乡里乡亲没什么收入来源，有心无力，史建章当场拍板表态：就是

砸锅卖铁、拆屋卖瓦，也要把路修通，我一个人出钱，乡亲们出力！说完，参会的乡邻炸开了锅，乡亲们知道，史建章的工资并不高啊！再说，怎么能让他一个残疾人出钱修路呢！

开完群众大会，史建章一回家就向妻子传达了“会议精神”。

“打算捐多少呢？”

“我的伤残抚恤金、护理费加工资一个季度1000元，全捐了！”

说干就干。史建章掏出150元来买爆破品，买修路施工用具，在“轰隆隆”的炮声中，修路开始了。

开工那天，他摸索着来到施工现场，大家都要他回家休息，他笑着说：“我是工程兵，这是我的老本行啊！我虽看不见出不了力，也让我献点智慧嘛！”

镐磨短了，路修长了。公路在一天天向前延伸着，史建章的心情却变得越来越沉重。

“我在想，你捐的这点钱估计远远不够吧？”知夫莫若妻，老伴秀珍试探性地问道。

在修路进入关键时刻，老伴秀珍拿出多年教书、从牙缝中省下的3000元钱交给史建章，让这条长达2公里的盘山公路全线贯通。

这条路修得太艰辛，大儿媳杨小林每天起早贪黑为工人师傅做饭，到工地送茶敬烟。当乡里乡亲走在宽敞的公路上，无不念叨说，没有史建章一家人，就没有今天的这条路。

2003年11月，史建章的大儿子搬到金家湾村1组一个叫下湾槽的地方，住在这里的10多户人家同样受苦于不通公路。

听说这个情况后，史建章把下湾槽的乡亲们召集起来开会。他说：“只要你们出力，我出‘三材’物资，咱们一起把路修通吧！”

为了这段路，老两口又投入资金1万多元，史建章的小儿子也从外地赶回来了，一家老小齐上阵，经过4个多月的施工，这段路终于通车了。

从起初的几元、几十元到后来上百元、上千元再到如今上万元，每当周边邻里哪家孩子上学学费没着落或没钱搞生产时，史建章一家人总会伸出援助之手，尽力相帮。对于借出去的钱，他们从不催讨，这让邻里非常感动。

史建章不忘为民初心，永葆军人和党员本色，热衷公益事业，曾获得“恩施楷模”“全州道德模范”等荣誉。他将1万元奖金设为“公益基金”专户，用于村里修路、饮水等。2018年年初，村里评选“十星级”文明户，史建章还给当选人分别奖励了200元。

他是一块明镜，光可鉴人，却看不见自己。他眼前的墨镜、胸前的党徽非常醒目，成为他人生的“写照”。一朝着军装，一生是军人；大爱点亮人生，照亮乡亲。大山赤子史建章，只因眷恋这片红土地太深。

听好人故事

最美的净土是你的心

喜欢骑着单车四处旅游的林鹏，是江西新余的一名通信工人，从2016年起，他开始在沿海省市骑行。他说，在路上总能遇见不同的人，看到新鲜的事物，一边收获着快乐，一边增添着阅历。骑行，成为林鹏的生活中最重要的内容。

和很多“驴友”一样，骑行318国道成为林鹏的终极梦想。2017年4月底，他带着一辆自行车和5万多元现金，踏上了川藏线。20多天的时间里，路上和景区的垃圾以及被游客涂改了的路标引起了林鹏的注意。这条最美景观大道，并不是林鹏最初想象中的样子。

到达拉萨后，林鹏又与两名“驴友”结伴骑行新藏线。在路上，大自然的壮美雄奇，彻底征服了林鹏的心。除了风景，让他印象最深刻的就是一些游客在路上乱扔的垃圾。

2018年年初，林鹏坐火车又来到西藏，度过热闹的藏历新年。回去后，经过认真考虑，他决心做一件回馈大自然的事——捡拾川藏公路上的垃圾，宣传环保。

“最美的净土，是你的心！”这是林鹏的口号，也是初心。从废品收购站淘得一辆脚踏三轮车，简单收拾了链条、脚踏板、刹车后，林鹏于2018年4月底从四川雅安出发了。

夏季的川藏线气候变化多端，有时一天里连遇三次冰雹，他靠着一辆三轮车、一副手套、一把火钳，平均每天徒步20多公里，捡三四袋垃圾。

林鹏面对过许多危险，最惊险的一次是在下“七十二道拐”时，突然三轮车刹车失灵，胶皮味很浓。过了一个拐弯后，林鹏赶忙用鞋底死死踩住车胎，才发现刹车垫磨没了。林鹏现在回忆起来仍有些后怕："买车时只捡了块胶皮当刹车垫，所幸没事。只好推车下坡，到了县城再一次修车。"

林鹏觉得人们会理解、支持他的行动，可路上遇到的一些事也曾让他感到尴尬。在卡子拉山口，刚捡完集中堆积的垃圾，游客随手又扔下塑料袋，只好再去捡。

"有些事不身临其境，真的没法感同身受。天路上很多地方，除了美，还有游客随手丢的垃圾。"林鹏在朋友圈这样写道。

林鹏会采用两种方式处理捡拾到的垃圾：装满三轮车后送到附近的垃圾站，或是沿途拦车请好心的司机带到垃圾站。为此，林鹏还买了很多风景明信片送给帮忙的司机。

"我们一直向自然索取，我要做件事回馈大自然。"这是林鹏捡垃圾的初衷。

渐渐地，林鹏有了越来越多的支持者。就在捡垃圾的路上，一个名叫"美丽公约"的公益团队找到了林鹏，邀请他帮助宣传"爱碧水蓝天，爱健康快乐，捡拾天路上的垃圾，尊重当地风俗信仰"等理念。

林鹏一边捡垃圾，一边通过微博、朋友圈呼吁人们爱护环境，争做文明游客。他说："我感觉自己并非孤独前行，身后有20万志愿者在行动。"

在微博上看到林鹏的事迹后，杭州怡养医院院长莫友成深受鼓舞，他放下手里的工作，乘飞机到西藏追随林鹏捡垃圾。莫友成说："从2015年开始，我就倡导医院同事和病人在杭州捡垃圾。林鹏是我心中的英雄，他给了我们力量。"

江西新余市义帮爱心协会会长钱细平自掏腰包买了辆皮卡车，派协会的三名工作人员驱车4000多公里赶到拉萨驰援林鹏。他们发出"助力林鹏，爱护环境"的倡议，得到了众多网友的响应。

林鹏的举动持续得到网友们的点赞和支持。网友们纷纷留言："他捡的不是白色垃圾，而是我们内心的责任。""环保意识真的很重要，不仅仅是口号，每个人都应自觉做到不乱扔垃圾。""爱上美景的人会发自内心地保护它，而不是拍照发朋友圈，我愿加入他的行动。"

“丢垃圾是小恶，捡垃圾是小善。捡垃圾，人人为小善。”这是林鹏和“美丽公约”志愿者们发出的倡议。林鹏还希望可以组建一个全国性的环保公益团队，带动更多人参与到环保的行动中。

听好人故事

“古筝妈妈”俞晓冬

一阵阵悦耳的古筝声，如同清澈的泉水从山间流过。这声音从大别山革命老区安徽省六安市金寨县梅山镇小南京学校校园传出，孩子们正在弹奏曲目《红星照我去战斗》，向他们的“古筝妈妈”俞晓冬作毕业汇报。

2018年7月20日下午，金寨县梅山镇小南京村“山娃娃古筝班”举行了第一届毕业典礼。七名即将毕业的山娃娃精彩的弹奏和感人肺腑的发言以及一声声对俞妈妈的呼唤，感动着在场的每一位家长和孩子。

对于俞晓冬而言，看到这一群小雏鹰即将振翅高飞，莫大的喜悦从心底油然而生，洋溢在她的脸上，流淌在她的血脉中，以至于冲淡了病痛带给她身体的伤害。

俞晓冬是军队干部，原为南京军区前线文工团国家一级古筝演奏家。2010年，俞晓冬在一次例行体检时被查出肺部有肿瘤。这个消息让一向乐观开朗、热爱生活的俞晓冬瞬间感受到了命运的无情。但是，这突如其来的巨大打击，并没有让军人出身的俞晓冬一蹶不振。

经过最初几天彻夜难眠的深思之后，俞晓冬作出了一个令人意外的决定：发挥自身所长，利用疗养和节假日时间，到父亲当年曾经战斗过的革命老区——金寨县，教当地的留守儿童弹古筝，以自己所能回馈那里的父老乡亲。

2014年6月，俞晓冬来到小南京学校演出，看着留守儿童渴望音乐的眼神，俞晓冬便决心将古筝艺术“种进”这个大山里的小学，用艺术回馈老区人民。很快，“山娃娃古筝班”在金寨县小南京学校挂牌成立。

考虑到当地孩子家庭经济状况普遍不宽裕的实际，俞晓冬自筹资金20多万元购置了40多架古筝，在金寨县小南京学校建起了一间古筝教室，无偿对山村留守儿童进行古筝培训和音乐教育。考虑到不能与孩子们的学业相冲突，俞晓冬总是利用音乐课、课余和周末时间给孩子授课。

陪伴是最好的给予。一年中，俞晓冬有150多天都住在学校，与山娃们朝夕相处，给予他们慈母般的关爱、呵护。孩子们则给予她信任和尊敬，亲切地称她为“古筝妈妈”。

闭塞的地理环境阻碍不了山娃娃们求知的渴望，一方山水塑造了他们自强不息的精神品质。俞晓冬的教学专业而严谨，山区孩子们非常勤奋刻苦，演奏技艺进步很快，一批批山娃娃在小学毕业前不仅全

部通过全国器乐水平六级考试，还多次参加国内公益演出，取得了骄人的成绩。

同样，“俞妈妈”整日被山娃娃们健康快乐的笑容感染，全心全意地为山娃娃们奉献着自己的爱，经历的所有苦和难化为乌有，她变得更加精力充沛、容光焕发。

如今，在这条充满艰辛的乡村支教路上，俞晓冬已经过了上千个日夜。时光匆匆，唯爱永远。在毕业典礼的特别时刻，俞晓冬以一首送别之曲献给山娃娃们，并叮咛他们：“孩子们，以后不管你们飞多高行多远，请千万记得，世上有个俞妈妈，永远惦记并深爱着你们！”

“人生就是个过程。我们左右不了这个世界，那么就左右自己的行为，让关爱轮回，让生命延续，让精神不灭，让信仰燎原，让音乐畅想，让世界美好，让城乡平等，让笑容灿烂，让社会和谐。”俞晓冬就是靠着这个信仰，风雨兼程，义无反顾。

听好人故事

他将青春献给绚烂的海洋

一张三亚的风光照，缔结了李波与大海的缘分。蓝天白云、银色沙滩、椰林成片，这幅美丽的景象令他神往。于是，从2000多公里外的吉林长白山脚下出发，花了近60个小时的时间，李波来到三亚这座滨海城市。辗转来到三亚已经是凌晨3点了，一下车，李波就直奔三亚湾，忍不住捧起了海水尝了一口，口中咸咸的味道让李波确信，他见到了梦想中的大海。

每当在海里游泳或潜水时，李波感觉时间都静止了，他找到了他心灵的净土。然而令人难以释怀的是，这片令他心心念念的大海，却饱受各类生活垃圾的困扰。“既然有人弄脏了海洋，那我就带头来清理。”接触大海没多久，“清理海洋”这个想法就变成他的实际行动。

“海里美丽的珊瑚，各种各样的鱼、虾、螃蟹，礁石上活蹦乱跳的跳跳鱼黑压压一片。它们才是海洋真正的主人，我们有责任还它们干净的家园。”

刚开始清理海洋垃圾时，李波全靠着自己的一腔热血。那时20岁出头的李波低估了平静海面下暗藏的重重危机。一件裤头、一副泳镜，李波就下水了，被珊瑚划伤、被水母蜇伤是常有的事。

2008年，李波身着简单的装备下水，看见被丢弃在海里的一张渔网，李波伸手去捡。突然，一个大浪打过来，渔网“翻了个身”，变成一张大网将他困住。从来没遇到这种情况的李波有些慌了，他拼命地挣扎，渔网却顺着洋流包裹着他。他感觉呼吸越来越困难，拼命踩着水蹬出水面。顺利靠岸后，李波才发现，自己的后背、腹部、大腿均被渔网割伤，险些丧命。还有一次，李波在海棠湾后海水下的洞里发现一张渔网，没想到渔网勾住了他的脚蹼。气息不够用的李波挣扎了10多秒，最后拉掉了脚蹼才捡回一条命。

年轻时李波不知道保护自己，随着年岁的增长，他明白了只有保护好自己才能做更多的事。而且，装备的齐全提高了作业的安全系数，这样才能在水里待得更久些，清理更多的海底垃圾。经过了多次的死里逃生，李波购买了潜水护具。长期的潜水使他患上了减压病，常常感到耳鸣，关节也会疼痛，时不时要到医院做减压治疗。海洋清洁的道路上困难重重，但李波从没有想过放弃。

每个月，李波有一半的天数会下水。每当大风浪经过，就是他最忙碌的日子。大东海、海棠湾后海……他追随洋流和风向，足迹遍布三亚的各大珊瑚礁区。哪里鱼多，他就会去哪，因为鱼多了，渔民的活动就会频繁，废弃的渔网也会增多。

每次下水，少则十几斤，多则几十斤，19年来，李波无数次潜下海底，不知道捞起了多少渔网，挽救了多少珊瑚礁。海南全岛的珊瑚生长海域，他几乎都去过，对海底植被及海洋生物的生长、活动情况一清二楚。

在一次潜水中，李波在鹿回头村附近发现了一片荒芜的海域。珊瑚都被渔网覆盖着，捕鱼用的小网困着许多小鱼。李波看到这样的景象很心疼。

2014年下半年，李波开始清理这片海域，一段一段海域地搜索垃圾。这片海域海底覆盖着许多被丢弃的渔网和地笼，一些渔网勾住了珊瑚，如果直接将渔网拉上来，会破坏海底的珊瑚，只能一点一点割。李波带着小刀潜入4米多深的海底，一节一节割开40多米长的地笼和渔网。割开一节浮上水面放在独木舟上，再潜下去继续割，常常是一上午的时间，舟里已经装满了垃圾。最多的时候，李波连续清理了5个小时，上岸时双眼眶被印下了一圈红红的勒痕。

经过一年半的努力，这片海域已经被清理干净。在近日的一次潜水中，李波发现海底的珊瑚悄悄冒出了新芽，彩色的鱼群也开始穿梭在这片海域。李波感到很欣慰，那种兴奋的心情不亚于看到自己的孩子出生，慢慢成长。

2017年年初，李波在大东海清理垃圾时，听到不远处传来叮叮当当的凿壁声，有人正用锤子在海底采集珊瑚和螺化玉。

那些含着一丁点儿螺化玉的化石被反复地凿，早就没有什么螺化玉可挖了，再凿只有破坏。盗挖珊瑚是犯法的。李波上岸后找到了这些采珊瑚的人，和他们讲道理，讲珊瑚对海洋生态的重要性，“活的珊瑚可以净化浮游生物，死的珊瑚在海里也能净化海水”。

那些人根本不听劝阻，拿起锤子就要打李波，如今想想，他仍有些后怕。尽管孤身一人，很难劝阻三五成群的盗挖者，但只要遇到采珊瑚的人，他还是会第一时间上前劝阻。反复劝说无效，他就会报警。

李波还经常参与珊瑚礁的移植志愿工作。他说，见过海底最美的生灵与景致，就希望能将这些美好永远地保留下去，让子孙后代都能欣赏到海洋世界的无限风光。

李波在三亚当过很长时间的导游，现在经营户外运动俱乐部，从事游泳潜水教学工作，也做订单式向导。尽管他并不富裕，却把大量的时间与精力用于清理海洋垃圾、保护海洋生态。

唤醒身边人保护海洋的意识，被李波视作与随手捡拾海洋垃圾同等重要的事。他说只有保持这两个习惯，才能影响和带动更多的人加入海洋保护的行列。

每次李波带着从全国各地来三亚游玩的游客到海边潜水，都会先给他们讲解海洋保护的知识并发放垃圾袋。告诉他们，如果一会儿在海底看到垃圾，都可以捡上来。有好几次，李波拎着大袋子上岸后，海滩上的市民游客好奇地围上来。他们以为他是打鱼的，一打开袋子看到里面的垃圾，都纷纷对他竖起了大拇指。此时李波总会坚信：如果自己的行为能唤醒他们的环保意识，所有的努力都是值得的。

在他的带动和影响下，越来越多的志愿者和“驴友”加入清洁海洋的行列，还有许多渔民和他成了好朋友，自觉将垃圾带离海域。家人外出会像他一样自带水杯、餐盒，尽量不用塑料袋。正值少年的儿子也被他培养成了潜水能手，常和他一起下水清理垃圾。

母亲王淑秀只知道李波在做导游，可她发现李波经常带着潜水的装备出门，“他对我说是去玩儿，但我总觉得他有点不务正业”。直到有一次李波带着母亲去潜水，母亲被海水呛了一大口，很久都没有缓过劲儿来。“我才知道这是很危险的事情，每天都悬着一颗心。”王淑秀说起这件事，总会悄悄地抹眼泪，她看过海底绚烂的世界，也知道儿子是在做好事，但还是很担心他的安全。

李波还是“三亚波波户外休闲群”的群主，在这个478人的群里，李波影响了很多潜水爱好者。李波的朋友老肖说，群里的人受到李波影响，每回下水都自觉地捞垃圾，还和李波一起参与珊瑚种植。

常常有人问李波，这样做到底值不值。当年和他一起打拼的导游买房买车了，他却依旧骑着“电驴”过着闲云野鹤的日子，自在满足。其实，以他的资历，完全可以在景区找个稳定且收入颇高的潜水教练工作。李波却说：“这些年来，我捡上来许多垃圾，也得到了足够回味一生的精神财富，大海把美丽都展现给了我们，我能做的就是尽心去保护它。”戴上潜水面罩和脚蹼，潜入海里，李波在海洋世界里找到了精神寄托。

滕雪容是李波10多年的好友，刚玩潜水的时候，他看到李波每次下潜都会带垃圾上来，对李波打心里敬佩。能把一件事做好不难，但一直坚持了19年，确实需要真心的热爱和毅力。

有人曾劝他，做环保做公益，费时又费钱，而且单凭一己之力很难改变大环境。听到这样的言论，李波很生气："如果你真把这里当成家，爱护就成了本能，你是见不得它脏的。"

从李波第一次捧着海水的那个夜晚，他已经悄悄地与这片海结下誓言，将会一直守护着它。

听好人故事

用生命照亮寒门求学路

天津平凡的退休女工王娅，一生“手紧”“悭吝”，却多次慷慨解囊捐助贫寒学子。在得知自己罹患胰腺癌晚期后，她放弃使用昂贵的化疗药，再次向助学基金会捐款，并毅然决定捐出仅有的一处房产助学。不仅如此，她还签署了遗体捐赠协议，以求最大限度地实现自身价值。

当年，甘肃兴华青少年助学基金会的账户上收到了王娅转入的6000元资助款。“我是工薪族，没有大笔的钱，现在是个老年人了。你们若愿意接纳我，我很愿意持续捐助下去。”在给甘肃兴华青少年助学基金会的邮件中，王娅诉说了她朴素的心愿，“我退休了，也还希望做一个对社会有用的人。想到在西北有一个孩子能因为我的帮助继续学业，上大学甚至读研，真是件令人快乐的事。”

几年里，数十封邮件往来，让王娅与甘肃寒门学子的命运紧密交织，开启了一段段暖心的故事。

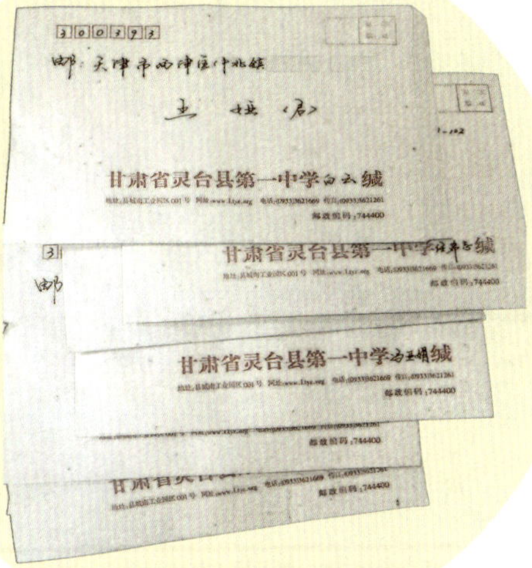

家访、审查学生资料、走访受助学校……她全身心投入，把这当作退休后最大的事业来经营。

和王娅一起参加公益活动的杨志明常常感叹她对待公益事业的旺盛精力，她永远都是那么充满活力，根本看不出已经65岁了。

2018年4月，一向守约的王娅却失联了。那天本是王娅约好和基金会工作人员一起去甘肃考察受助学校的日子。直到几天后，基金会负责人陈章武才收到她的信息：“非常不凑巧，去新西兰旅游与助学活动的时间冲突了。”又过了几天，一笔3万元的捐款汇到基金会账户上，王娅已经陆续资助了7名高中生。

让陈章武没想到的是，彼时的王娅根本没去新西兰，而是躺在了天津肿瘤医院的病床上。

胰腺癌晚期，在癌症中属于最凶险的一类。命运给这个铆足劲做公益的人开了一个大大的玩笑。病魔袭来的那一刻，王娅最大的遗憾竟然是：“我再也没有时间参与基金会的活动，为孩子们做事了。”

倔强的王娅一边和病魔抗争，一边加快捐资助学的脚步。2018年5月，还在病床上的王娅不忘为基金会汇去早已准备好的捐款。2018年8月，她停掉全部放疗，拖着乏力的身体奔赴甘肃家访，因为她知道，再不赶快去，就再也没力气去了。

遵照她的意愿，基金会工作人员已经为其办理了遗嘱公证：在她身后，将仅有的也是最大的资产——一套商品房捐赠给基金会，用以资助更多的贫寒学子。

但很快，王娅反悔了——变身后捐赠为生前赠予。她说：“这样可以尽可能地减少不必要的麻烦，让钱能顺利地用到孩子们身上。”

基金会的志愿者杨志明一直在劝她，病魔无情，要留下足够的治疗费用。王娅却总是说，自己有，别担心，可实际上，她连救命的药都嫌贵。

后来，倔强的王娅给杨志明发了短信，一如她始终如一的朴素与真挚：“并不是我舍不得用昂贵的药物。主要是药物贵是贵，效果还不好，副作用也让我难以接受，我就不愿意用了，还不如把钱用在孩子们身上。省下治疗费，我愿意多资助几个学生。”

做起公益来慷慨无比，可对待自己王娅却手紧到极致。她的家是一间不大的一居室，没有什么贵重的陈设，但非常整洁。角落里、茶几上、阳台边，鲜花绿植，生机葳蕤。家里值钱的“几大件”，是2017年花2000多元买的34寸电视机；她酷爱摄影，下了好几次决心才放下用了多年的卡片机，买了个8000多元的单反；平时穿的衣服、用的包从不超过100元。王娅的另一笔大投资，是2016年7月花1700元买的第一部智能手机，还是因为旧手机实在是不能用了。

只有陪伴在她身边的挚友知道，王娅每天全靠两瓶营养液撑着她那病弱的身体。每次见到朋友，她都是一头利落短发加鲜亮的衣服，

脸上满是笑意，只有握住她的手时，皮包骨头的手和低于常人的体温，才让人意识到，她是一个被病魔折磨许久的人。

对王娅来说，她这辈子最大的财富就是两个牛皮纸袋，里面是从1989年捐给希望工程的100元开始，到给天津市救灾扶贫的5000元，再到给中国教育发展基金会的捐款……这些保存完好的收据、证书，记录下王娅20年来从未间断的捐赠之路。

面对周围人的感慨与夸赞，王娅并不觉得自己有多么高大上，不过是自己有能力，能帮一点是一点罢了。她仍然记得小时候，家里有一床特别好的军用毛毯，有一年天津发大水，爸妈卷起来就捐了。后来，每次国家号召捐款，她的爸爸都是街道居委会里捐得最多的。那时王娅就觉得，不管能力大小，“帮一把”是挺有意义的事。

除了给予孩子们物质上的帮助之外，王娅更希望因为这些资助，孩子们能自由地选择自己想做的事。

有一次，王娅资助的一个孩子给她写信，说高考时想要报考师范专业。一向怕打扰孩子学习的王娅着急了，她怕是因为钱绊住了孩子追逐梦想的脚步。她想方设法找到了孩子妈妈的手机号，她告诉那个孩子，你想学什么、学到哪儿，我都资助你。当听到孩子说就是喜欢当老师时，王娅的心才放下。

“原来我想着，时间还长着呢，可以慢慢捐。没想到，突然间就有了期限，我必须得加快脚步。”王娅总是这么说。

窗外飘零的黄叶，竟也多了些新生的况味。生如夏花之绚烂，死如秋叶之静美——这也许就是王娅所追求的“求仁得仁，了无遗憾”，也是今天每个人应该找寻的生命答案。

听好人故事

常愿寒门多学士

2018年5月30日下午，一对满头银发的耄耋老人满面笑容，从江苏盐城师范学院院长方忠手里接过了100万元助学基金的捐赠证明，现场响起了持久而热烈的掌声。

“感谢母校帮我们了却了一桩心愿，能够帮助家庭贫困的孩子，让他们安心读书，我们感到很幸福。”这是“包斌、陆一军夫妇助学基金”捐赠仪式上的一幕。

包斌出生于1925年江苏宿迁的一个农民家庭，他从小爱读书，幼时在村里的私塾读书，并力所能及地帮家里干一些农活儿。在风雨飘摇的战争年代，读书对于他来说，是一件奢侈的事。1944年，听朋友说，安徽阜阳有一个管吃饭的流亡学校，于是和同学一起来到阜阳求学。

学校提供的伙食，也就是一日两餐，每餐就是一个不大的高粱饼。尽管如此，他也很知足，每天最惬意的事就是坐在学校的树荫下读书，在知识的海洋里遨游。可没过多久，他发现自己只要一读书，头就会疼。随着时间的推移，头疼得越来越厉害。不读书，头疼病就会减轻些。他自己总结了原因：每天两个高粱饼的营养，根本应付不了身体发育的需要，更别说读书这么费脑子的事了。

后来，由于战事，他辗转到徐州中学读书，每天的伙食就是两大碗面糊糊。1946年秋天，包斌考上了徐州江苏学院数理系，由于课程较深，学习用功时就会头疼。第一年，他的成绩单上有些主要科目挂了科。大二时，他不得不转到课程相对不难的经济系。

同样，在陆一军的印象里，战争年代根本就吃不饱饭，每天两碗稀饭填不饱肚子，最困难的时候连咸菜都没有，同学们只能去挑野菜。

饥饿和贫困是那个时代最深的记忆。

包斌第一次做教师是在江苏学院读大二的时候。转到经济系后，他的学习轻松了许多。有次他听说附近中学缺英语教师，于是就自荐做了兼职的代课教师，每周五节课，每月的工资是200斤小米（相当于现在的300元左右），他将小米卖了，买了他学生时代的第一件“奢侈品”——钢笔，尽管那是店里最便宜的一支钢笔。那一年，包斌22岁。

包斌第二次做教师是在部队里。1948年10月初，淮海战役前的徐州气氛非常紧张，江苏学院迁到镇江市谏壁镇王家花园办学。1949年年初，包斌经同学介绍，认识了中国共产党地下工作者，并跟随一起来到盐城的苏北华东大学读书。来到盐城后不久，因战时需要，包斌参加了革命队伍，加入了渡江战役工作组。4月21日下午，包斌随工作组一起渡过长江，后来，他被编入苏南军区文工团，正式成为了一名解放军战士。

在文工团，他结识了革命伴侣陆一军，自此开始了20年的军营生活。1969年8月，包斌转业被分配到了盐城地区电机厂，担任总账会计。

在部队里，他做过班长、印刷厂会计、政治部干事，其中有10年时间从事与教学相关的工作，做过军区后勤部会计训练班教员、军区速成中学数学教员、军区师范学校数学教员、炮兵学院子弟学校教导主任。

包斌的第三份教师工作始于1980年12月，刚刚恢复办学的盐城商业学校缺少师资力量，包斌因工作需要，调到盐城商校担任教务科副科长、科长，并承担了会计专业的教学工作。直到1987年11月离休。

离休后，包斌夫妻俩在徐州新沂安度晚年。少时读书的贫穷，近20年的从教经历，让包斌萌生了尽己所能，资助贫穷学生的想法。

20世纪90年代初，包斌响应盐城市团委号召，为“希望工程”募捐，他捐助了盐城响水、滨海两名学生。

有一次，包斌给在老家宿迁农村做小学老师的堂弟打电话，问他们学校有没有贫困生需要资助时，堂弟告诉他，他班上有对双胞胎男孩，哥哥叫葛团，弟弟叫葛结，父亲因病去世，母亲一个人支撑家庭，家境困难，每学期开学时都交不起学费。包斌二话没说，立即决定资助兄弟俩，一直供他们念完初中。

但凡听到有家庭困难的孩子上不起学，包斌夫妻都会伸出援助之手，有时是三五千，有时是一两万。有次，他听说有个卖油条人家的孩子上大专交不起学费，就给他们送去了1万元钱。家里的钟点工家庭经济困难，他们就不停地给她涨工资，还资助了她的一对儿女读完了大学。

除了助学，凡是看到有困难的人，夫妻俩都愿意慷慨解囊，伸出援助之手。2008年汶川大地震时，包斌特地坐火车来到学校，捐了2000元，还交纳了2000元特殊党费。2016年，当他听说盐城阜宁遭遇特大龙卷风时，主动交纳了1300元特殊党费。

包斌、陆一军有一个幸福的家庭，他们非常重视孩子的教育问题，两个儿子从小成绩优秀，后来考取了政府公派的留学生，如今早已成家立业。

离休后，老两口过着简朴的生活。包斌喜欢在家看看书，写写诗词，撰撰楹联，侍弄小院子里的果蔬花草。陆一军喜欢摄影，没事喜欢拍些照片，和摄友切磋技艺，交流心得。

他们喜欢粗茶淡饭的日子，平时生活节俭，衣服只要合身，就一直穿下去。

陆一军常常“笑话”自己的老伴：“他平时对自己可抠了，袜子破了都舍不得扔，自己拿针线补好了再穿。现在谁还补袜子啊？”

“比起解放前没得吃、没得穿的日子，现在不知要好多少倍。”包斌笑着说。

老两口省吃俭用，才有了100万元的积蓄。

“这个钱总感觉还是人民的，还是国家的。”这句话一直挂在老两口的嘴边。

老两口觉得，相对于解放前做教师都难以糊口的日子，老两口离休后党和政府给了优厚的待遇，自己感到非常幸福。两个儿子都已成家立业，不再需要他们的帮助，自己用不完的钱，应该回馈社会和人民。商量了很长时间，他们决定将数十年的积蓄捐给学校，设立一个助学基金，让学校替他们寻找那些真正需要帮助的孩子。包斌将自己的想法告诉了盐城师范学院离退休工作处处长黄顺荣，黄顺荣立即与学校相关部门沟通，很快拟定了捐赠协议和资助办法。

根据两位老人家的意愿，他们将每年捐助20名贫困生，每年资助每人5000元，直至毕业。陆一军说自己是从旧社会走过来的人，那个年代重男轻女，女孩子在家里不被重视，很少有受教育的机会。当她听说她资助的学校里女生多，且受资助的大部分都是女生，她更加开心了。

2010年6月，85岁高龄的包斌在回首自己的教职生涯时，挥笔写

下了一首诗《寄语同行》：

曾在黉宫列一员，银丝吐尽自休闲。
欣看桃李栋梁众，无悔衰躯蜡炬残。
常愿寒门多学士，更忧华夏少良骖。
同行后俊自知晓，富国强军系教鞭。

听好人故事

“热茶大叔”的热心肠

在江西省南昌市东湖区，有一位热心的退休干部郑小惠。他喜爱喝茶，但经常泡好一杯热茶，还没来得及喝就不见了踪影，出门为别人办事去了。大家有感而发，给他取了个绰号叫“热茶大叔”。

“热茶大叔”郑小惠十五年如一日地致力于公益活动，如今他已年过花甲。在大家眼里，郑小惠代表着不同的身份。

在福利院老人眼里，郑小惠是“孝顺的儿子”。

2015 年夏天，连续下了好几日的暴雨，东湖区社会福利院形成了内涝，在福利院忙着转移老人时，郑小惠恰巧开车路过。他来不及多想，第一时间冲进雨中，和工作人员一道将老人们逐一背上了车。一趟又一趟地来回，他的衣服湿透了，全身沾满了泥水。就在老人们陆续脱离险境之际，有位老人突发癫痫病，情况十分危急。在大家还在商量怎么处理的时候，郑小惠二话不说，迅速将老人背上自己的车，火速往医院奔去。为了赢得抢救时间，他第一时间为老人支付了医疗费用。这一幕深深感动了福利院的工作人员和医院的医护人员，一名护士在不知情的情况下，不停地向老人夸赞："您的儿子真孝顺！"

在贫困家庭的孩子眼里，郑小惠是无所不能的"好大伯"。

2004年，南昌市文教路社区一个只有10多平方米的车库里面住着一户贫困家庭。男主人涂绪国双目失明，丧失劳动能力，女主人汤国香患有先天性残疾。他们膝下有两个女儿，大的12岁，小的只有3岁。平日里，一家人仅靠汤国香打零工赚来的每月400多元维持生计，日子过得异常艰难。

一个偶然的机会，郑小惠见到涂绪国一家的窘迫现状。从此，附近居民总能看见一个提着大米、食用油等生活用品去涂绪国家里探望的"大伯"。

说起郑小惠的帮助，涂绪国总有说不完的话："他呀，每年过年都要给孩子送上一个几百元的红包。每到开学的时候，他一定来给孩子送钱……”

受到帮助后涂绪国一家的日子好过了一些，这让郑小惠很是欢喜。但他明白，仅靠自己的帮扶，不可能从根本上解决他们的贫困问题，只有让他们掌握一技之长，才能过上好日子。于是，郑小惠忙前跑后，找到一家盲人按摩培训班，并为涂绪国交清了全部学费和伙食费，让他参加了为期半年的学习。同时，郑小惠还联系社区为他们申请了低保和廉租房。

5年来，郑小惠一直在帮助涂绪国一家克服困难。截至目前，他已累计为涂绪国一家资助现金10万余元。谈到郑小惠，汤国香总是饱含热泪地说：“他真是一个大好人啊！”

关于郑小惠的爱心故事还有很多。退休后，他加入了章金媛爱心奉献团和劳模志愿服务队，关爱贫困学生、孤寡老人、留守儿童等困难群体。每当受到大家称赞时，他总是很谦虚，“我是一名共产党员，只是做了共产党员应当做的事。”

听好人故事

一生勤俭　心怀家国

2019年2月18日晚，中央广播电视总台“感动中国”2018年度人物颁奖典礼上，生活节俭却捐赠千万的退休老人马旭，获得了“感动中国2018年度人物”荣誉。大家纷纷向这位心有大爱的86岁老人致敬点赞，这是一位充满传奇色彩的老人……

1933年，马旭出生于黑龙江省木兰县的一个医学世家，14岁入伍参军，和战斗英雄黄继光是同一个师的战友。抗美援朝期间，马旭被授予抗美援朝纪念章、保卫和平纪念章和朝鲜政府三等功勋章。

抗美援朝胜利后，马旭回国被保送到第一军医大学学医，后成为一名野战军医。1961年，空降兵部队组建后，马旭迎来了她的人生转折。时年28岁的马旭，作为军医担任跳伞训练的卫勤保障，是所在部队仅有的两名女兵之一。

当时整个部队1万多人，没有女兵跳伞的先例。马旭身高只有1.53米，体重不到75斤，达不到伞兵标准。为了能跟战士们一起跳伞，她自己在家里挖了一个大沙坑，把两张桌子拼起来作为训练平台，每天晚上偷偷练习跳伞动作，一练就是大半年。

1962年，马旭首次正式登机跳伞。此后20多年间，马旭累计跳伞140多次，创造了三项“中国之最”——第一个跳伞的女兵、跳伞次数最多的女兵、实施空降年龄最大的女兵。

从1983年开始，直到离休，马旭和同为军医的丈夫将更多精力投入到医学科研上。

多年来，马旭一直保持着阅读的习惯。为便于学习，马旭在床上支起一个简易书桌。冬日寒冷，她就在床上坚持学习。

几十年间，夫妇俩笔耕不辍，在军内外报刊发表了100多篇学术论文，并撰写了《空降兵生理病理学》《空降兵体能心理训练依据》，填补了相关空白。正因为此，马旭还被外国专家称为中国军中的“居里夫人”。

空降兵跳伞讲究速度快，着陆瞬间冲击力大，脚踝很容易受伤。马旭和丈夫颜学庸几经试验研制出了“充气护踝”，可使跳伞着陆时的扭伤情况接近零。1989年，“充气护踝”获得国家专利，成了中国空降兵获得的第一个专利。

1995年，《解放军报》再次点赞马旭夫妇发明的“供氧背心”，称赞他们填补了空降兵高原跳伞供氧上的一项空白。

少小离家，戎马一生，随着年纪渐长，无儿无女的马旭越发思念家乡。

马旭坦言，为家乡捐款的想法由来已久，希望以这种方式来报恩。于是，她把夫妻俩毕生积蓄的1000万元捐献给了家乡黑龙江省木兰县，用于教育等公益事业。这巨额捐款也是该县有史以来接收到的最大一笔个人捐助。

马旭与老伴都是师级离休干部。离休后，他们放弃了部队安排的住房，居住在武汉远郊区一个不起眼的小院内。

让人难以想象的是，拿出千万捐款的二老，生活极其简朴，家中简陋异常，院子和农村最普通的院落几无差别，院内有两间低矮砖房，二老在院子的一角开辟出一片菜地。

二老的家中，视线所及除了书籍和报纸，几乎没什么像样的家什。屋内光线昏暗，墙皮大片剥落，两个老式沙发露出了破麻袋和棉絮。屋内的一张简易餐桌，不知被马旭夫妇用了多少年，土豆泥和蒸南瓜也一直是他们餐桌上的常客。两位老人共用一部破旧不堪的翻盖手机，身上穿的都是部队发的衣服。马旭自认为最好的一双鞋，也仅值15元，只有出门时才舍得穿。

有人觉得马旭夫妇的日子过得苦，也有人觉得他们太抠门，但是马旭觉得拥有知识就是拥有财富。她要把毕生的积蓄都回馈给故乡，不为别的，就是希望更多人能获得知识的力量。

夫妇俩结缘于部队，携手走过半个多世纪的行医之路，曾为无数战友点亮生命之灯。翱翔蓝天、回馈家乡……一路走来，马旭每一个心愿的实现，都离不开老伴颜学庸的理解和支持。离休后，夫妇俩依旧过着简单规律的生活。

每次吃完饭后，夫妇俩习惯性地穿起作训服外出锻炼，散步、骑车、跳舞、练拳，花样丰富。每个周末，他们还要去老年大学学习舞蹈、书法。

近年来，在老伴的支持下，马旭老人多次走进考场参加考试，至今她仍在补习外语，准备继续考研。

相濡以沫的马旭夫妇，他们用无声的行动诠释了什么叫心怀家国，什么叫感恩与爱。

听好人故事

传递“甜蜜”的白衣天使

人们常常把护士称为白衣天使，因为天使是生命和爱的象征，她们呵护健康，挽救生命，护士所从事的是天底下最高尚的职业。在湖北荆州中心医院，就有这样一位喜欢给病友传递甜蜜的白衣天使，她叫赵世莉。她轻柔的声音在无数个白天黑夜温暖了许多糖尿病患者的心。她利用业余时间对病人嘘寒问暖，为“糖友”答疑解惑，为患者建立“甜蜜家园”。

作为一名普通护士，赵世莉已经扎根临床一线20多年了。10多年前，她被调到内分泌科，照顾糖尿病患者。糖尿病患者终生不可治愈，并发症会危害到患者的眼睛、肾脏和足部，从而导致患者失明、患上尿毒症，甚至烂脚截肢。血糖高低的波动直接影响患者的身体健

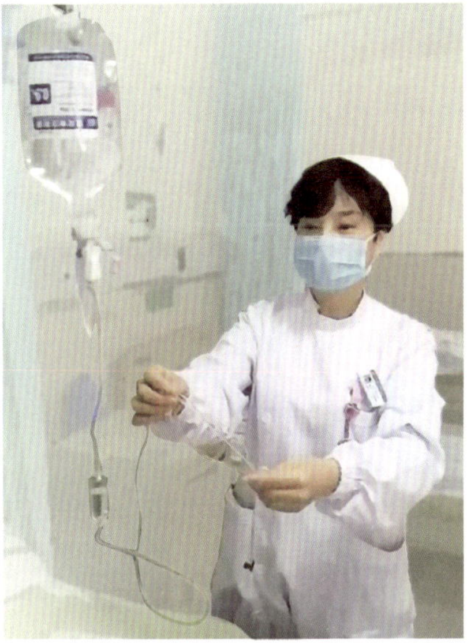

康，指导患者实时控制血糖就是关键。患者住院期间，赵世莉可以现场指导患者用药，可是一旦出院，后续的健康咨询就成了短板。为此，赵世莉总是通过打电话、发短信的方式来告知患者，但效果并不理想。

由于糖尿病病情波动频繁，还会导致严重的并发症，不少患者会有焦虑紧张的情绪，甚至有人会萌生轻生的念头。面对这些情况，赵世莉深深明白，糖尿病的教育引导与护理治疗一样重要，医生只能调理血糖，怎样才能参与到他们的日常管理中，赵世莉琢磨了很久……

为了解决这个问题，赵世莉在2014年建了一个微信群，名为“甜蜜家园”。她想要通过语音、文字、图片这种方式给“糖友”们分享知识，一个“糖友”提出问题，在她解答的过程中，其他的“糖友”也能学习，她利用这样一种方式，给“糖友”们传授健康控糖知识。

只要微信群里叮叮咚咚响个不停，赵世莉就知道，一定是微信群里有患者在向她咨询了。赵世莉每天上班，按着岗位的要求她是不能看手机的，对于“糖友”提出的各种疑问，她要么利用中午吃盒饭的空隙解答，要么是晚上下班回家再一一回答。

在短短的4年多时间里，从最初的几个住院患者，到如今“糖友”遍布江汉平原，甚至还有美国和迪拜的“糖友”也加入这个名叫“甜蜜家园”的微信群，从中受惠的“糖友”及家属超过了5000人。

赵世莉无怨无悔的付出帮助了大家，但是却在不知不觉中牺牲了自己的小家。

对家人，赵世莉有所亏欠，但对公益事业，她没有半点含糊。为了帮助更多的病人，在医院领导的大力支持下，2017年荆州市中心医院以赵世莉的名字创建了特色品牌“小莉开讲”，带领医院的各类专家进入社区乡村，进行健康知识普及，开展免费义诊活动，把健康带到更多地方。看到赵世莉帮助了越来越多的人，她的家人也从最初的不理解，转变为对她毫无保留的支持。

我们常说“舍小家为大家”，也许在普通人看来这就是一种舍弃小家去成就大家的奉献精神。但是赵世莉的小家庭却把这种奉献精神，经营成了一种幸福模式。

白衣素雅，行无所息。在“糖友”眼里，她是最美的白衣天使。

听好人故事

义务磨刀十四年

为实现自己的创业梦想，2005年年初，程得集像镇上许多年轻人一样，揣着从信用社贷来的8000元来到杭州。起初，人生地不熟的他到处碰壁，后来，他找到了安徽祁门历口驻杭州党支部。

每月20日是支部例行的学习时间，程得集都会风雨无阻地参加活动。2008年，他成为入党积极分子。2010年，程得集终于成为一名正式的共产党员。

街道党员管理中心组织大家一起参加志愿者活动，大家问程得集能提供什么服务。来杭州之前，许多人都是村里种地的庄稼汉子，他们觉得自己要手艺没手艺、要技术没技术，还真没有拿得出手的活儿。想来想去，想起来了磨刀这手艺，城里人不知道去哪磨刀，我们正好会呀。这磨刀的服务一推出，就大受欢迎，大老远的都有人送刀过来。

街道党员服务中心的何冰主任认识程得集七八年了，他说程得集真的是在把磨刀这件事当成一件大事儿做。

每月20日，程得集和两名同伴会到吴山广场，义务为附近的居民磨刀。从早上8点30分到中午11点30分，三个人一刻不停，能磨300多把刀，还有一大帮人在后头排队。为了不辜负大家，程得集和同伴还会把没磨完的刀装到麻袋里扛回去，第二天过来接着磨。把所有的刀全部磨好，基本上要一整天，然后再一个一个通知人家过来拿刀。

“实诚!”这是何冰对程得集的评价，“党支部里的这些成员们，有的只是普通的建筑工人，有的是饭店服务员，耽误一天工作是要扣工钱的，可只要是轮到他们提供义务磨刀服务了，都是二话不说请了假过来的。”

2013年，安徽祁门县驻杭州党支部换届选举，程得集成为新一届党支部书记。程得集记住了老支书的叮嘱，一直坚持着为群众磨刀的服务。如今，他们的磨刀服务已经坚持了14个年头。

担任党支部书记后，程得集认为，他有责任也有义务带着在杭州的老乡们更好地生活。为患病党员募捐，为流动党员解决生计难题，自掏腰包开展红色旅游，这些都成了他的“头等大事”。

程得集还成立了“阳光天使”志愿服务队，除了为附近的居民提供免费磨刀服务外，还提供交通劝导、清洗油烟机、修理家电等服务。几年来，志愿服务队帮助处理纠纷、维权180余起，已帮300多名老乡在杭州找到了工作。

“有老乡租了一个门面开小店，签了3年合约，可小店开了不到一年，房东就临时变卦，不租了，房子要重新拆建。几次协商不成之后，老乡找到了我们支部。”程得集回忆说，后来，在采荷街道党支部的帮助下，终于和房东协商成功，获得了合理的补偿。

“我是支部培养出来的，我很感激，更要回馈。”这是程得集经常挂在嘴边的一句话。

听好人故事

用爱托起山娃们的读书梦

广西忻城，大石山区，崇山峻岭中，琅琅的读书声从远处传来，壮乡的山村不再寂寞。为了能听到这悦耳的声音，在忻城县北更乡中心小学，蒙晓梅除了代课，把所有的时间和精力都放在救助贫困学生的公益事业中。几年间，在她的爱心召唤下，500多名贫困孩子得到救助，没有一个孩子因贫困失学，孩子们都叫她“老师妈妈”。

北更乡地处大石山区，素有“九分石头一分土”之说。1973年1月，蒙晓梅出生在这里。蒙晓梅常常说，自己是国家养大的孩子。

蒙晓梅小时候生活很困难，奶奶双目失明，养父上山砍柴时意外摔断了腿，养母不幸患上了乳腺癌。儿时的蒙晓梅面临失学，是乡亲们和爱心人士向她伸出援助之手，才让她顺利念完小学和初中。

1991年蒙晓梅初中毕业后，组织安排她到北更乡内仁小学当一名代课教师。但她心底里还有一个未完成的梦想——考取师范院校，成为一名正式教师。看着积极乐观又充满梦想的蒙晓梅，亲朋好友再次为她筹集学费，资助她到师范学校深造。

四年后，蒙晓梅学成归来，回到自己热爱的三尺讲台。她知道，是政府和乡亲们的关爱才使自己有机会继续深造并走上教师岗位。她对这片土地充满了热爱和感恩，立志要用爱心帮助家庭困难的孩子，用爱心回报社会。用蒙晓梅自己的话说："躬耕二十载，只为大山的孩子能读书。"

1996年秋季学期开学已有10天了，班里的学生朱五迟迟不来上学，这可急坏了蒙晓梅。那个周末，她一个人走了两个多小时山路才到了朱五家。看到朱五家生活非常困难时，蒙晓梅一下子明白了朱五不去上学的原因。

蒙晓梅心里很难过，也很矛盾，朱五的学费是200元，自己180元的工资刚给妈妈买了药已所剩无几。但转念一想，如果不帮他，很可能朱五就会辍学。想到这里，她决定借钱给朱五交学费，在给朱五父母留下一句“学费的事我来解决”后，就急忙找亲戚和同事借钱去了。

蒙晓梅向三个人借够了学费，星期天晚上，朱五回到了学校，悬在她心里的一块石头终于落了地。

现在就读广西银行学校的受助孩子韦丽花，从小就和养父居住在敬老院，生活非常困难。看到她，蒙晓梅总会想起小时候的自己。

于是，每逢周末，蒙晓梅就把她招呼到自己家一起吃饭。晚上，蒙晓梅帮韦丽花放好热水洗完澡，就让她和自己的大女儿住在一个房间。由于年纪相仿，两个小姑娘很快成了好姐妹。每次入户走访回来，不管再忙再累，蒙晓梅都会抽出时间给她俩辅导功课。看着两个小姑娘在一起认真地做作业，快乐地玩耍，蒙晓梅心里特别高兴。

几十年如一日，蒙晓梅用爱心为孩子们点燃了希望，把爱的种子播撒在孩子们的心中。许多学生家长评价说：“蒙老师像妈妈一样好，她是老师，也是爱心妈妈。”

为更好地为乡村教育作贡献，2010年12月，蒙晓梅加入了广西“良知公益”志愿服务队。成为志愿者后，她主动请缨为学校当对接人，在贫困山区儿童和公益机构间牵线搭桥，开展爱心帮扶活动。

蒙晓梅作为引路人，2011年5月，她与公益组织“麦田计划”爱心人士到北更乡弄蓝村、加乐村、内仁村贫困学生家中走访。2012年，蒙晓梅利用暑假、周末，与“麦田计划”志愿者走访了全乡37位代课教师。在她和志愿者的争取下，北更乡贫困儿童获得价值10多万元的温暖包、爱心书包、衣物等爱心物资，代课教师每人每月还有100元资助金。

这几年，让蒙晓梅感到更高兴的是建立贫困农民工子女助养站。2013年，她积极促成广西“良知公益”在忻城县北更乡建立了贫困农民工子女助养站。通过助养站，“良知公益”每月向85名贫困儿童发放百元助养金直至大学毕业。同时，她的助养站服务范围还拓展到忻城县内的10个贫困乡镇，使许多贫困儿童得到了资助。

为确保爱心行动的公正透明，蒙晓梅把每一笔物资、助养款、爱心款的去向登记好，做到100%拍照存档。做爱心公益不计报酬，她不但分文未取，还经常自掏腰包。

多年来，蒙晓梅为贫困山区儿童付出的爱也得到孩子们的热烈回应。受到蒙晓梅关爱、现就读于湖南大学的韦淑丹，在2013年教师节特地为蒙晓梅老师写了一首诗，表达对她的谢意：

你化身为桥，
以爱心汇聚爱心，
用柔弱的双肩，
担起山里娃沉甸甸的梦想……

听好人故事

后记

HOUJI

2014年9月5日，中国文明网结合开展多年的网上“我推荐我评议身边好人”活动，策划推出了《好人365》专栏，一年365天，每天讲述一位中国好人的故事，弘扬生活中的真善美。截至目前，栏目已推出2100多期，受到社会各界及广大网友的关注和好评，仅新浪微博话题阅读量已逾24.3亿。与此同时，中国文明网分别于2015年12月、2017年3月、2018年12月，编辑出版了线下同名读本《好人365故事》（青少版）第一季、第二季、第三季，面向青少年读者特别是在校中小学生宣传身边的凡人善举、平民英雄。三季15本，460多个小故事，让孩子们看到了身边很多普通人向上向善的可贵品格，感受到了当代中国在追求美好生活、实现伟大梦想征途上的情怀、境界、精神和力量。

为进一步深化社会主义核心价值观宣传教育，引导青少年学习先进典型，我们在以往工作的基础上，继续从《好人365》栏目中精选了163个精彩故事，汇编成《好人365故事》（青少版）第四季。本季图书分为《助人为乐》《见义勇为》《诚实守信》《敬业奉献》《孝老爱亲》五册，故事真切感人，语言流畅生动，并配有大量彩色图片。每个故事都在文末添加了二维码，读者通过扫描二维码还可听故事。

习近平总书记指出："世界上最难的事情，就是怎样做人、怎样做一个好人。要做一个好人，就要有品德、有知识、有责任，要坚持品德为先。"希望这套故事书能够帮助和引导青少年朋友们学会做人、学会做一个好人；能够从身边做起、从小事做起、从现在做起，扣好人生第一粒扣子；能够学习和传承中华优秀传统美德，自觉践行社会主义核心价值观，在人生道路上走得更正、走得更远；也希望更多人能从这些故事中汲取精神营养、感悟道德力量，争当身边好人、争做时代新人，不断凝聚起实现中华民族伟大复兴中国梦的强大力量。

本书在编辑过程中得到了中宣部、中央文明办领导同志的关心和支持，各省（区、市）文明办、文明网积极参与，提供了大量素材。中国文明网承担了本套书的牵头组织协调工作，在此表示衷心感谢！